LYUDI
люди

MIKHAIL ZOSHCHENKO
МИХАЙЛ ЗÓЩЕНКО

LYUDI
ЛЮДИ

WITH AN INTRODUCTION BY HECTOR BLAIR
AND NOTES BY
HECTOR BLAIR, B.A., AND MILITSA GREENE, PH.D.
UNIVERSITY OF EDINBURGH

CAMBRIDGE
AT THE UNIVERSITY PRESS
1967

CAMBRIDGE UNIVERSITY PRESS
Cambridge, New York, Melbourne, Madrid, Cape Town, Singapore,
São Paulo, Delhi, Dubai, Tokyo, Mexico City

Cambridge University Press
The Edinburgh Building, Cambridge CB2 8RU, UK

Published in the United States of America by Cambridge University Press, New York

www.cambridge.org
Information on this title: www.cambridge.org/9780521158510

First published 1967
First paperback edition 2010

A catalogue record for this publication is available from the British Library

Library of Congress Catalogue Card Number: 67-10042

ISBN 978-0-521-06895-6 Hardback
ISBN 978-0-521-15851-0 Paperback

PREFACE

No Soviet writer has enjoyed greater popularity than Mikhail Zoshchenko. For this reason, and for many others, we feel it is desirable that a characteristic work of Zoshchenko should be made available to the English student of modern Russian literature.

We should like to express our gratitude to Professor Dennis Ward of the University of Edinburgh, who encouraged us in our work and helped us greatly by reading the manuscript of the notes and making several helpful suggestions for its improvement.

The responsibility for any faults is of course our own.

H.B.
M.G.

INTRODUCTION

Mikhail Zoshchenko is the greatest Soviet humorist. No other modern Russian writer has provoked more laughter. But his works do not only amuse—they offer a unique insight into aspects of Soviet life ignored alike by those anxious to project a rosy picture of Soviet reality and those determined to denigrate the achievements of Soviet power. Above all, by probing and exposing the holes and corners of Soviet life, by focusing on the trivial and the everyday, by concerning himself with the Soviet man in the street rather than the heroic builder of a new society, Zoshchenko makes possible a more realistic assessment of the extent to which the Soviet dream of creating a new man has been realized, and makes it easier for us to relate the experience of Russian man in the Soviet period to our own.

Surprise has been expressed that the Soviet period in Russian literature should have proved so fertile in humour and satire. Yet the breeding ground for humour is confusion and contradiction, and a psychological and social upheaval of the dimensions of that which was ushered in by the Russian Revolution could not fail to engender the most baffling confusions and the most fundamental contradictions—confusions about the goals being pursued in public life and the goals to be pursued in private life; contradictions between what man was and what he believed himself to be, between what he was and what he wished to be, between what he was and what he was told to be.

Out of this raw material of confusion and contradiction Zoshchenko succeeded in fashioning stories and anecdotes which at one and the same time provoke the most mirthful laughter and reveal a deeply pessimistic attitude to the human condition in general and the possibility of human regeneration through social engineering in particular.

If Zoshchenko's works form a document, it is nevertheless

one which must be studied with the greatest circumspection. For as a humorist Zoshchenko makes great use of exaggeration, distortion, and caricature, and any too literal-minded identification of Zoshchenko's world with the reality of Soviet life would be misleading and dangerous. Yet the perusal of Zoshchenko's works suggests a conclusion which many a foreign visitor to the Soviet Union may have been tempted to draw—that the urge for individual material gain, the lust for personal property, and the 'I'm all right, Jack' outlook are endemic in more than Western 'capitalist' countries alone, and may even be intensified by the proclamation of collective goals and the imposition of collective standards.

Mikhail Zoshchenko, who died in 1958, was born in 1895 in the Ukrainian town of Poltava. His father, who was of noble origin, was an artist, his mother an actress. In 1913 he entered the University of St Petersburg, but volunteered for military service in 1915 and soon became an officer. In 1918 he again volunteered, this time for the Red Army. In a brief autobiographical sketch, written in 1922, he gave the following table of the tribulations he suffered during this period:

arrested	6 times
condemned to death	1 time
wounded	3 times
attempted suicide	2 times
beaten up	3 times

All these misfortunes he attributed not to any adventurism on his part, but to mere bad luck. He spent some time wandering about Russia in a variety of occupations. At different times he was a carpenter, a policeman, a shoemaker, a detective, a telephone operator, a gambler, an office worker, and an actor.

Zoshchenko embarked on his literary career in Petrograd in 1921. His first volume of collected stories was published in the following year and enjoyed great success with the reading public. Zoshchenko enjoyed enormous popularity throughout the rest of his literary career, in spite of increasing official disapproval. A leading critic, Viktor Shklovsky, testifies to the extraordinarily wide diffusion achieved by his works during the nineteen-twenties: 'They read Zoshchenko in the pubs. In the trams. They repeat his stories on the upper berths of second-class carriages. They pass off his stories for true happenings.'

Not that Zoshchenko's success was restricted to the man in the street. From the outset he was lionized in the literary milieu of Petrograd, for among the young writers who emerged from the chaos of war and revolution he was uniquely successful in at once establishing his own characteristic style.

During the nineteen-twenties Zoshchenko was closely associated with a group of young Petrograd writers who called themselves the Serapion Brothers, after the hero of a story by E. T. A. Hoffman. The artistic credo of the group was set out in 1922 in a manifesto written by Lev Luntz, to which the other Brothers appended brief autobiographies and statements of their artistic goals. Luntz insisted that the Brothers were not a school or a movement and emphasized their widely differing approaches to literature. What they did have in common was a belief in the writer's freedom to write what he pleases, without external constraint, and a rejection of any attempt to impose ideological conformity:

'Whose side are you on, Serapion Brothers? For the Communists or against the Communists? For the Revolution or against the Revolution?'

'Whose side are we on, then, Serapion Brothers?'

'We are on the side of the hermit Serapion.'

In his own autobiographical sketch Zoshchenko answers the question: What is your precise ideology? 'I don't hate anyone—that is my "precise ideology"...In their general swing the Bolsheviks are closest to me. And I'm willing to bolshevize about with them...But I'm not a Communist (or rather a Marxist) and I don't think I'll ever be one.' During the comparatively liberal nineteen-twenties Zoshchenko was able to remain largely unscathed by the guardians of ideological purity, and his satirical stories were even welcomed in official quarters as an onslaught on survivals of the pre-Revolutionary past. But he was attacked for his failure to introduce into his works positive social ideas and exemplary heroes. This demand for a socially significant literature dealing with contemporary themes, which was a development of the ideas of the great nineteenth-century critic Belinsky, was made with ever-increasing stridency until it was finally formulated at the first congress of the new Union of Soviet Writers in 1934 as the 'literary method' of Socialist Realism. This doctrine, to which all Soviet writers were required to conform, called upon the writer to promote through his works the building of a socialist society on the way to communism, and to embody the socialist ideal in a new kind of positive hero. Faced with these demands for ideological conformity, Zoshchenko in the nineteen-thirties made a number of genuflexions to the official line, but also continued to produce the kind of irreverent and satirical short stories and sketches on which his popularity was founded.

'There is a great sadness on earth. It has settled and accumulated in various places, and you don't notice it at once.' These are the words with which Zoshchenko began his literary career, in his first published short story, and for the rest of his life he continued to be obsessed with this 'great sadness'. During the Second World War he set out to investigate the causes of his own melancholy, and began to publish the results of his investigation in an autobiographical and semi-scientific work *Before Sunrise*. But although the war had brought a certain relaxation in official control of literature, Zoshchenko's investigation proved far too subjective and individualist for the arbiters of official taste, and further instalments of the work were not published.

In 1946, to the great disappointment of those who had hoped that the aftermath of victory would see a further relaxation in the cultural climate, Stalin's cultural hatchet-man, Zhdanov, set out to impose a degree of party control over literature unparalleled even in the nineteen-thirties. Zoshchenko and another Leningrad writer, the poetess Akhmatova, were singled out as the first exemplary victims of this new onslaught on creative freedom, and shortly afterwards both were expelled from the Union of Soviet Writers. From then until his death in 1958 Zoshchenko published very little of value, although the post-Stalin 'thaw' did see the publication of one or two stories which recall his earlier works. In 1956 and since Zoshchenko's death editions of his works have appeared in the Soviet Union and have enjoyed the same enormous success as they always did in his heyday.

In all his works Zoshchenko shows himself to be acutely aware of the traditions of nineteenth-century literature. He develops themes, situations and types familiar to the student of nineteenth-century social history and readers of the literature of the period; his 'little man' for example is but a variant of a type which emerged most notably in Gogol's *The Overcoat*. Moreover, the great majority of his works are cast in the form of 'skaz', a literary device employed by Gogol (again, particularly in *The Overcoat*) and by Leskov.

'Skaz', first-person narrative, is marked by the attempt to render accurately the characteristics of the spoken language, the intonation, mannerisms, and social and regional colourings of the speech of a particular narrator. This form of narrative serves to draw the reader's attention towards the story-teller to the extent that his interest may be focused less on the events related than on the revelation of the story-teller's attitude to these events. As a literary technique 'skaz' has two great advantages, both of which were exploited by Zoshchenko. First, the use of the first person, the illusion of a spoken narrative, is useful in creating an impression of verisimilitude. Secondly, by entrusting the narrative to another person, more or less clearly distinguishable from the author, the latter is enabled to distance himself from the events related and to preserve an ironical ambiguity about his own attitude to them. It will be clear that at a time when literary works were closely examined in an attempt to pinpoint the social and ideological attitudes which they revealed, such a technique must have had great attractions for writers like Zoshchenko whose attitudes were very different from those officially deemed desirable.

Lyudi, which appeared in 1927 in a collection entitled *Sentimental Tales*, was first published three years before. It is a story about despair and decay, about the collapse of illusions, about the struggle for existence, and about the animal in man. It is interspersed with humour, but the humour is often savage and leaves a bitter taste. The hero of *Lyudi*, Ivan Ivanovich Belokopytov, who has left Russia as a political *émigré* from tsarism, returns to his native country some time after the Revolution, brimming with idealism, goodwill, and the desire to be useful to his fellow-men and society. But little by little his illusions are shattered, he finds no place for himself in society, and comes to see life as a cruel and forlorn struggle for existence. He becomes more and more obsessed with the animal side of his nature until in the end he is hardly recognizable as a human being.

In Belokopytov Zoshchenko parodies two of the great archetypal figures of nineteenth-century life and literature in Russia: the 'repentant nobleman' and the 'superfluous man'. The 'repentant nobleman', oppressed by a sense of social guilt, often gave away his lands and possessions to those who suffered from the iniquitous system under which he prospered. Belokopytov, 'having read a lot of liberal books', squanders his inherited fortune, but less on those in genuine need than on a host of rapacious relatives and a gang of rogues and swindlers. Unable to find a place for himself in society, Belokopytov closely resembles the nineteenth-century 'superfluous man', the well-bred intellectual, too sensitive, too cultured and too idealistic to come to terms with a brutal reality, desperately aware of the need for change, yet prevented by a morbid self-preoccupation and a paralysing lack of willpower from making any contribution to this change. Yet Belokopytov remains a figure of parody, for his attainments ('He knew Spanish, he could play the harp, and he had a slight acquaintance with electricity') are of a ludicrously marginal nature and could hardly equip him to make a valuable contribution to the life of his society.

Like Zoshchenko's short stories and anecdotes, *Lyudi* is cast in the form of 'skaz'. In the shorter works, which usually run to no more than two or three pages, the narrator is typically a 'little man', an average citizen, whose colloquial and sometimes ungrammatical turns of speech and out-of-place use of official jargon and high style reveal his lack of education and his mental confusion, as well as his social and cultural pretensions. The narrator in these shorter works restricts himself to the recounting of events and the crude philosophizing which they provoke in him. In *Lyudi*, however, the narrator is himself an author and also expresses views about literature and about the writer's role in Soviet society. The use of 'skaz' frees Zoshchenko from any direct responsibility for the opinions expressed and at the same time enables him to reply obliquely to criticisms which had been levelled at his own works, notably the charge that he had failed to concern himself with social themes and positive heroes.

In truth the author-narrator in *Lyudi* is not so very far removed from the 'little man' of the short stories. He is a provincial who does not possess the 'material possibility' of living 'in the great centres or capitals of republics in which, for the most part, the historic events take place'; he is a philistine, deeply suspicious of 'educated critics, babbling in six foreign languages' or Moscow psychiatrists, writing their nonsensical reports 'no doubt under the influence of drink'; he is, in short, less travelled, less cultured, and less educated than his hero, Belokopytov. His narrative is marked by the widespread use of colloquial language, and occasional faults of syntax and grammar, and is interspersed with none-too-relevant excursions, lapses of memory and concentration, and chatty commentaries on the events of the story.

Disdaining any 'paltry and sentimental' title for his story, the narrator (and Zoshchenko himself) opted instead for the 'resounding and significant' word *Lyudi*. It would hardly be fanciful to suggest that the choice of such a title for Zoshchenko's melancholy little tale about 'people' and their struggle for existence can be regarded as evidence that it expresses something very close to Zoshchenko's own conception of the human condition. Quite apart from Belokopytov, Zoshchenko's gallery of provincials and philistines is hardly calculated to inspire confidence in humanity. There is Nina Osipovna, Belokopytov's wife, feather-headed, fussy, snobbish and materialistic, a petty-bourgeoise, dreaming only of the day when she and her husband will be able to 'open their own little co-op'. There is the fellow-lodger, Yarkin, with his 'bull-like neck', whose interest in life abroad is apparently only a cover for his desire to acquire Belokopytov's elegant foreign suitcase. There are various episodic characters, none of them, with the possible exception of Katerina Vasil'yevna, the landlady, likely to evoke much sympathy. Finally there are the onlookers and passers-by, collapsing in hilarious *Schadenfreude* at the moment of Belokopytov's downfall, 'peering into other people's windows' and generally displaying a brand of crass and insolent curiosity endemic in all Zoshchenko's minor characters.

'There is a great sadness on earth.' No other work expresses Zoshchenko's belief more poignantly than *Lyudi*.

ЛЮДИ

1

Стра́нные ве́щи творя́тся в литерату́ре! Ны́нче е́сли а́втор напи́шет[1] по́весть о совреме́нных собы́тиях, то тако́му а́втору[2] со всех сторо́н уваже́ние. И кри́тики ему́ рукоплéщут, и чита́тели ему́ сочу́вствуют.

А уж е́сли[3] тако́й а́втор изловчи́тся, да приплетёт к свое́й по́вести обще́ственный моти́в, и́ли социа́льную каку́ю-нибудь иде́йку, то тако́му а́втору и сла́ва, и популя́рность, и вся́кое уваже́ние. И портре́ты тако́го а́втора печа́тают во всех еженеде́льных о́рганах. И изда́тели распла́чиваются с ним в зо́лоте, не ме́нее, как по ста рубле́й за лист.[4]

А на наш ничто́жный взгляд,[5] по ста рубле́й за лист, э́то уж я́вная и соверше́нная несправедли́вость.

В са́мом де́ле: для того́, чтобы написа́ть по́весть о совреме́нных собы́тиях, необходи́ма соотве́тствующая геогра́фия ме́стности, то есть пребыва́ние а́втора в кру́пных це́нтрах и́ли в столи́цах респу́блики, в кото́рых-то, гла́вным о́бразом, и проистека́ют истори́ческие собы́тия.[6]

Но не у ка́ждого а́втора есть така́я геогра́фия,[7] и не ка́ждый а́втор име́ет материа́льную возмо́жность существова́ть с семьёй в кру́пных города́х и в столи́цах.

Вот ту́т-то и есть ка́мень преткнове́ния и причи́на несправедли́вости.

Оди́н а́втор прожива́ет[8] в Москве́ и, так сказа́ть, воо́чию ви́дит[9] весь круговоро́т собы́тий с его́ геро́ями и вождя́ми, друго́й же а́втор, в си́лу семе́йных обстоя́тельств,[10] влачи́т жа́лкое существова́ние[11] в како́м-нибудь уе́здном городи́шке,[12] где ничего́ тако́го осо́бенно герои́ческого не происходи́ло и не происхо́дит.

Так вот, где же взять тако́му а́втору кру́пных мировы́х собы́тий, совреме́нных иде́й и значи́тельных геро́ев?[13]

Йли прика́жете ему́ врать?[14] Йли прика́жете пита́ться
вздо́рными и нето́чными слу́хами приезжа́ющих из сто-
ли́цы това́рищей?

Нет, нет и нет! А́втор сли́шком лю́бит и уважа́ет
худо́жественную литерату́ру, что́бы осно́вывать её на
всевозмо́жных ба́бьих глу́постях[15] и непрове́ренных
слу́хах.

Коне́чно, како́й-нибудь просвещённый кри́тик, лепе́-
чущий на шести́ иностра́нных языка́х, ука́жет, мо́жет
быть, что а́втор отню́дь не до́лжен гнуша́ться ме́лкими
геро́ями и небольши́ми провинциа́льными сце́нками,
кото́рые происхо́дят вокру́г него́. И что да́же ещё и лу́чше
зарисо́вывать небольши́е, кра́сочные этю́ды с ма́лень-
кими провинциа́льными челове́чками.

Эх, уважа́емый кри́тик! Оста́вьте де́лать ва́ши неле́пые
замеча́ния! Всё и без вас давно́ проду́мано, все, мо́жет,[16]
у́лицы исхо́жены и не́сколько пар сапо́г истрёпано. Все,
мо́жет, фами́лии, бо́лее и́ли ме́нее досто́йные внима́ния,
вы́несены на отде́льную бума́жку с ра́зными примеча́-
ниями и нотабе́нами. И нет! Не то́лько не́ту[17] ско́лько-
нибудь замеча́тельного[18] геро́я, но не́ту да́же посре́д-
ственного челове́ка, о кото́ром интере́сно и поучи́тельно
говори́ть. Всё ме́лочь, мелюзга́, мелкота́,[19] о кото́рых в
изя́щной литерату́ре, в совреме́нном герои́ческом пла́не
и говори́ть не прихо́дится.[20]

Но, коне́чно, а́втор всё-таки предпочтёт соверше́нно
ме́лкий фон, соверше́нно ме́лкого и ничто́жного геро́я
с его́ пустяко́выми страстя́ми и пережива́ниями, не́жели
он пу́стится во все тя́жкие[21] и начнёт залива́ть пу́лю[22]
насчёт како́го-нибудь соверше́нно несуществу́ющего че-
лове́ка. Для э́того у а́втора нет ни наха́льства, ни осо́бой
фанта́зии.

А́втор, кро́ме того́, причисля́ет себя́ к той еди́нствен-
ной че́стной шко́ле натурали́стов, за кото́рыми всё
бу́дущее[23] ру́сской изя́щной литерату́ры. Но да́же, е́сли
бы а́втор и не причисля́л себя́ к э́той шко́ле, всё равно́,

говори́ть о незнако́мом челове́ке — затрудни́тельно. То перехва́тишь че́рез край[24] и заврёшься в психологи́ческом ана́лизе, то, наоборо́т, не доска́жешь како́й-нибудь мелочи́шки, и чита́тель вста́нет втупи́к,[25] удивля́ясь легкомы́сленному сужде́нию совреме́нных писа́телей.

Так вот, в си́лу вышеука́занных причи́н,[26] а та́кже всле́дствие не́которых стесни́тельных материа́льных обстоя́тельств, а́втор приступа́ет к написа́нию совреме́нной по́вести, предупрежда́я, одна́ко, что геро́й по́вести пустяко́вый и нева́жный, недосто́йный, мо́жет быть, внима́ния совреме́нной избало́ванной пу́блики. Здесь речь идёт, как наве́рное дога́дывается чита́тель, об Ива́не Ива́новиче Белокопы́тове.

А́втор ни за что не стал бы растра́чивать на него́ своё симпати́чное дарова́ние, е́сли б не потре́бность в совреме́нной по́вести. Потре́бность э́та заставля́ет а́втора, скрепя́ се́рдце,[27] взя́ться за перо́[28] и нача́ть по́весть о Белокопы́тове.

Это бу́дет не́сколько гру́стная по́весть о круше́нии всевозмо́жных филосо́фских систе́м, о ги́бели челове́ка, о том, кака́я, в су́щности, пустяко́вая вся челове́ческая культу́ра, и о том, как нетру́дно её потеря́ть. Это бу́дет по́весть о круше́нии идеалисти́ческой филосо́фии.

В э́той пло́скости[29] Ива́н Ива́нович Белокопы́тов был да́же любопы́тен и значи́телен. ̈В остально́м а́втор сове́тует чита́телю не придава́ть большо́го значе́ния и, тем па́че,[30] не пережива́ть с геро́ем его́ ни́зменных, звери́ных чувств и живо́тных инсти́нктов.

Ита́к, а́втор берётся за перо́ и приступа́ет к совреме́нной по́вести.

Де́йствующих лиц в по́вести бу́дет не та́к-то уж мно́го: Ива́н Ива́нович Белокопы́тов, худоща́вый, тридцати́ семи́ лет, беспарти́йный.[31] Его́ жена́, Ни́на О́сиповна Арбу́зова, — смуглова́тая, цыга́нского ти́па да́мочка, из бале́тных.

Его́р Константи́нович Я́ркин, тридцати́ двух лет,

беспартийный, заведывающий первой городской хлебо-
пекарней. И, наконец, уважаемый всеми начальник
станции, товарищ Пётр Павлович Ситников.

Есть и ещё в повести несколько эпизодических лиц,
как, например: Катерина Васильевна Коленкорова,
тётка Пепелюха и станционный сторож и герой труда
Еремеич[32] — лица, о которых заранее говорить — много
чести.

Кроме человеческих персонажей в повести выведена
ещё небольшая собачка, о которой говорить, конечно,
не приходится.

2

Фамилия Белокопытовых — старая, дворянская и по-
мещичья фамилия. В те годы, о которых идёт речь,
фамилия эта сходила на нет,[1] и Белокопытовых было
всего двое: отец Иван Петрович и отпрыск его Иван
Иванович.

Отец, Иван Петрович, очень богатый и представитель-
ный мужчина, был несколько странный и чудаковатый
господин. Слегка народник,[2] но увлекающийся запад-
ными идеями, он то громил мужиков, называя их
сволочами и человеческими отребьями, то замыкался в
своей библиотеке и жадно читал таких авторов, как
Жан-Жак Руссо, Вольтер или Бодуэн-де-Куртенэ,[3]
восхищаясь их свободомыслием и независимостью взгля-
дов.

И, несмотря на это, отец Иван Петрович Белокопытов
нежно любил сельскую жизнь, спокойную и ровную,
любил парное молоко, которое поглощал в каком-то
изумительном количестве, и увлекался верховой ездой.
Он ежедневно выезжал верхом на прогулку, любуясь кра-
сотами природы или журчащим говором какого-нибудь
лесного ручейка.

У́мер оте́ц Белокопы́тов ещё молоды́м, в по́лном расцве́те свои́х сил. Его́ задави́ла со́бственная ло́шадь.

В оди́н из я́сных, ле́тних дней, собра́вшись на обы́чную свою́ верхову́ю прогу́лку, он стоя́л, соверше́нно оде́тый, у окна́ столо́вой ко́мнаты, нетерпели́во дожида́ясь, когда́ подаду́т ему́ ло́шадь. Молодцева́тый и краси́вый, в сере́бряных шпо́рах, он стоя́л у окна́, раздражённо пома́хивая сте́ком с золоты́м набалда́шником. Ту́т-же и сыни́шка, молодо́й Ва́ня Белокопы́тов, резви́лся вокру́г своего́ отца́, беспе́чно припля́сывая и игра́я колёсиком его́ шпор.

Впро́чем, резви́лся молодо́й Белокопы́тов значи́тельно ра́ньше. В год сме́рти отца́ ему́ бы́ло за два́дцать лет[4] и он был уже́ возмужа́вшим ю́ношей с пе́рвым пушко́м на ве́рхней губе́.

В тот год он, коне́чно, не мог резви́ться. Он стоя́л во́зле отца́ и убежда́л его́ отказа́ться от пое́здки.

— Не поезжа́йте, папа́ша, — говори́л молодо́й Белокопы́тов, предчу́вствуя недо́брое.

Но молодцева́тый папа́ша, покрути́в усы́ и махну́в руко́й, де́скать,[5] пропада́ть, так пропада́ть, пошёл вниз, что́бы дать вздрю́чку[6] заме́шкавшемуся ко́нюху.

Он вы́шел на двор, серди́то вскочи́л на по́данную ему́ ло́шадь и, в кра́йнем раздраже́нии и гне́ве, дал шпо́ры.

Ви́димо, э́то и бы́ло его́ ги́белью. Разъярённое живо́тное понесло́ и верст за пять от име́ния сбро́сило Белокопы́това, размозжи́в ему́ че́реп о ка́мни.

Молодо́й Белокопы́тов сто́йко вы́держал изве́стие о ги́бели своего́ отца́. Приказа́в снача́ла прода́ть э́ту ло́шадь, он оттяну́л э́то реше́ние и, ли́чно войдя́ в коню́шню, пристрели́л живо́тное, вложи́в револьве́р в у́хо. Зате́м он заперся́ в до́ме, го́рько оплакивая ги́бель своего́ отца́. И то́лько че́рез не́сколько ме́сяцев приступи́л сно́ва к пре́жним свои́м заня́тиям. Он изуча́л испа́нский язы́к и под руково́дством о́пытного педаго́га де́лал перево́ды с испа́нских а́второв. Но, кро́ме испа́нского языка, он занимался ещё и латынью, роясь в старинных книгах и рукописях.

Другой бы на месте Ивана Ивановича, оставшись единственным наследником богатейшего состояния, плюнул бы на всю эту испанскую музыку, погнал бы учителей в три шеи,[7] завил бы горе верёвочкой,[8] запил бы, закрутил, заразвратничал, но, к сожалению, не таков был молодой Белокопытов. Он повёл жизнь такую же, как и раньше.

Всегда богатый и обеспеченный, не знающий, что такое материальное стеснение, он равнодушно и презрительно относился к деньгам. А тут ещё, начитавшись либеральных книг[9] с пометками своего отца, он и вовсе стал пренебрежительно относиться к своему огромному состоянию.

Разные тётушки, узнав о смерти отца Белокопытова, понаехали[10] в имение со всех концов света, рассчитывая — не перепадёт ли и им кусочка.[11] Они льстили Ивану Ивановичу, прикладывались к его ручке[12] и восторгались его мудрыми распоряжениями.

Но однажды, собрав всех своих родственников в столовую, Иван Иванович заявил им, что он считает себя не в праве[13] владеть полученным состоянием. Он считает, что наследство — вздор и ерунда, и что каждый человек самостоятельно должен делать свою жизнь. И он, Иван Иванович Белокопытов, находясь в здравом уме и твёрдой памяти,[14] отныне отказывается от всего имущества, с тем, что он сам распределит его различным учреждениям и неимущим частным лицам.

Родственнички в один голос ахали и охали и, восторгаясь необыкновенным великодушием Ивана Ивановича, говорили, что, в сущности, они и есть эти самые неимущие частные лица и учреждения. И Иван Иванович, выделив им почти половину своего состояния, распрощался с ними, и принялся ликвидировать свою недвижимость.

Он быстро и за бесценок распродал свои земли, разбазарил и частью роздал мужикам домашнюю утварь и скотину и, всё ещё с крупным состоянием, переселился в город, наняв у простых, незнакомых ему людей две небольших комнатушки.

Кой-какие далёкие родственники, проживающие в ту пору в городе, сочли себя оскорблёнными и прекратили с ним всякие отношения.

И, поселившись в городе, Иван Иванович никак не изменил своей жизни и привычек. Он попрежнему продолжал изучение испанского языка, в свободное время широко занимаясь благотворительностью.

Огромные толпы нищих осаждали квартиру Ивана Ивановича. Разные прощелыги, жулики и авантюристы, в порядке живой очереди, входили теперь к нему с просьбой о вспоможении.

Почти никому не отказывая и жертвуя, кроме того, большие суммы разным учреждениям, Иван Иванович в короткое время разбазарил половину оставшегося у него имущества. Он сошёлся, кроме того, с какой-то революционной группой людей, всячески их поддерживая и помогая. Был слушок даже, что он передал группе почти все оставшиеся свои деньги, но насколько это правда, — автор не берётся утверждать. Во всяком случае Белокопытов был замешан в одно революционное дело.

Автор был тогда занят своими поэтическими и семейными делами и сквозь пальцы смотрел на[15] общественные события, так что кое-какие подробности от него ускользнули. Автор издавал в тот год первую книжонку своих стихов под названием — «Букет резеды». В настоящее время автор, конечно, не назвал бы свои поэтические опыты таким мизерным и сентиментальным заглавием. В настоящее время автор попытался бы эти стишки объединить какой-нибудь отвлечённой философской идеей и назвать книжку соответствующим заглавием, как, например, названа и объединена эта повесть огромным и значительным словом — «Люди». Но, к сожалению, автор тогда был молод и неопытен. Впрочем, книжка всё-таки была не плохая. Отпечатанная на лучшей меловой бумаге в количестве трехсот экземпляров, она, за четыре с небольшим года,[16] разошлась окончательно, до последнего экземпляра, подарив автору некоторую известность среди горожан.

Неплохая была книжонка.

А что касается до Ивана Ивановича, то он, действительно, несколько запутался в обстоятельствах. Какой-то курсистке, приговорённой к ссылке на поселение,[17] он, в припадке великодушия, подарил ильковую шубу.

Эта шуба наделала хлопот[18] Ивану Ивановичу. Он был взят под подозрение, и за ним был устроен негласный надзор. Его подозревали в сношениях с революционерами.

Иван Иванович, человек нервный и впечатлительный, ужасно взволновался тем, что за ним следят. Он буквально хватался за голову, говоря, что он не может жить больше в России, в этой стране полудиких варваров, где за человеком следят, как за зверем. И Иван Иванович давал себе слово, что он непременно в ближайшее же время всё распродаст и уедет за границу, как политический эмигрант, и что ноги его больше не будет в этом стоячем болоте.

И, приняв такое решение, он немедленно принялся ликвидировать свои дела, торопясь и беспокоясь, что его схватят, арестуют или не разрешат выезда. И, быстро закончив свои дела и оставив себе незначительные деньги на житьё, Иван Иванович Белокопытов, в один из осенних, пасмурных дней выехал за границу, проклиная свою судьбу и себя за великодушие.

3

Как жил и что делал Иван Иванович за границей, никому́ неизве́стно.

Сам Ива́н Ива́нович об э́том никогда́ не упомина́л, а́втор же про́сто не риску́ет сочиня́ть небылицы¹ о та́мошней иностра́нной жи́зни.

Коне́чно, како́й-нибудь о́пытный сочини́тель, дорва́вшись до заграни́цы,² непреме́нно бы пусти́л пыль в глаза́ чита́телям, нарисова́в им две и́ли три европе́йские карти́нки с ночны́ми ба́рами, с шансоне́тками и с америка́нскими миллиарде́рами.

Увы́! А́втор никогда́ не е́здил по заграни́цам,² и жизнь Евро́пы для него́ темна́ и нея́сна.

А́втор поэ́тому с не́которым сожале́нием и гру́стью и с не́которой да́же вино́й пе́ред чита́телями до́лжен пропусти́ть по кра́йней ме́ре де́сять и́ли оди́ннадцать лет заграни́чной жи́зни Ива́на Ива́новича Белокопы́това, чтоб оконча́тельно не завра́ться в ме́лких дета́лях незнако́мой жи́зни.

Но пусть чита́тель успоко́ится. Ничего́ замеча́тельного за э́ти де́сять лет в жи́зни на́шего геро́я не́ было. Ну — жил челове́к за грани́цей, ну — жени́лся там на ру́сской бале́тной танцо́вщице...Что же ещё? Ну — поистра́тился, коне́чно, вконе́ц.³ А в нача́ле ру́сской револю́ции верну́лся в Росси́ю. Вот и всё.

Коне́чно, всё э́то мо́жно бы́ло бы раздрако́нить в лу́чшем, в бо́лее зама́нчивом ви́де, но опя́ть-таки, по причи́нам вы́ше ука́занным, а́втор оставля́ет всё как есть. Пуска́й други́е писа́тели по́льзуются красото́й своего́ сло́га — а́втор челове́к не тщесла́вный — как написа́л, так и ла́дно. Ла́вры други́х знамени́тых писа́телей а́втору не меша́ют жить. Так вот, уважа́емый чита́тель, вот всё, что случи́лось с Белокопы́товым за де́сять лет.

Впрочем не всё.

За границей в первые годы Иван Иванович принялся писать книгу. Он уже приступил к этой книге, назвав её: «О революционных возможностях в России и на Кавказе». Однако, сначала мировая война, затем революция сделали эту книгу ненужным вздорным хламом.

Но Иван Иванович не очень горевал об этом, и на третий или четвёртый год[4] революции вернулся в Россию, в свой город.

Автор с этого момента и приступает к повести. Тут-то уж автор чувствует себя молодцом и именинником. Тут-то уж автор крепок и непоколебим. И не заврётся. Это вам не Европа.[5] Всё здесь шло на глазах[6] автора. Всякая мелочь, всякое происшествие автору доподлинно известно, или рассказано и получено из первых и уважаемых рук.

Итак, автор начинает свою повесть во всех подробностях только со дня приезда Ивана Ивановича в наш многоуважаемый город.

Это была прелестная весна. Снег уже почти весь стаял. Птицы носились по воздуху, приветствуя своими криками долгожданную весну. Однако, без галош ещё нельзя было ходить — местами грязь достигала колена и выше.

В один из таких прелестных весенних дней вернулся в свои родные места Иван Иванович Белокопытов.

Это было днём.

Несколько пассажиров мотались по платформе из стороны в сторону, с нетерпением ожидая поезда. Тут же стоял и уважаемый всеми начальник станции, товарищ Ситников.

А когда подошёл поезд — из переднего мягкого вагона[7] вышел худощавый человек в мягкой шляпе и в узконосых ботинках без галош.

Это и был Иван Иванович Белокопытов.

Одетый по-европейски, в отличном широком пальто,

он небре́жной похо́дкой сошёл на платфо́рму, вы́кинув предвари́тельно с площа́дки ваго́на два прекра́сных желтова́той ко́жи чемода́на с никелиро́ванными замка́ми. Зате́м, оберну́вшись наза́д и пода́в ру́ку смугло-ва́той, цыга́нского ти́па да́мочке, он помо́г ей сойти́.

Они́ стоя́ли тепе́рь во́зле свои́х чемода́нов. Она́, с не́которым испу́гом озира́ясь по сторона́м, он же, мя́гко улыба́ясь и дыша́ по́лной гру́дью, гляде́л на отходя́щий по́езд.

По́езд давно́ уже́ отошёл — они́ стоя́ли, не дви́гаясь. Ку́ча ошале́лых мальчи́шек, свистя́ и шлёпая босы́ми нога́ми, набро́силась на чемода́ны, теребя́ их гря́зными ла́пами и предлага́я тащи́ть их хоть на край све́та.⁸

Подоше́дший носи́льщик, ста́рый геро́й труда́⁹ Ере-ме́ич, отогна́в мальчи́шек, укори́зненно стал рассма́-тривать захва́танную¹⁰ рука́ми све́тло-жёлтую ко́жу чемода́нов. Зате́м, взвали́в их на пле́чи, Ереме́ич дви́-нулся к вы́ходу, предлага́я э́тим сле́довать прие́зжим за ним и не стоя́ть попусто́му.¹¹

Белокопы́тов пошёл за ним, но у вы́хода, под крыль-цо́м, позади́ ста́нции, приказа́л Ереме́ичу останови́ться. И, останови́вшись сам, он снял шля́пу и приве́тствовал свой родно́й го́род, своё оте́чество и своё возвраще́ние.

И, стоя́ на ступе́ньках вокза́ла, он с мя́гкой улы́бкой гляде́л на вдаль уходя́щую у́лицу, на кана́вы с мосто́ч-ками, на ма́ленькие деревя́нные дома́, на серова́тый дымо́к из труб...Кака́я-то ти́хая ра́дость, како́й-то восто́рг приве́тствия был на его́ лице́.

Он до́лго стоя́л с непокры́той голово́й. Мя́гкий весе́нний ве́тер трепа́л его́ немно́жко седе́ющие во́лосы. И, ду́мая о свои́х скита́ниях, о но́вой жи́зни, о тех иде́ях, кото́рые осуществи́лись сейча́с, Белокопы́тов стоя́л неподви́жно, вдыха́я всей гру́дью све́жий во́здух.

И ему́ хоте́лось вот сейча́с, то́тчас, куда́-то итти́, что́-то де́лать, что́-то создава́ть, како́е-то ва́жное и всем ну́жное. И он чу́вствовал в себе́ необыкнове́нный прили́в

юношеской свежести и крепости и какой-то восторг. И
тогда ему хотелось низко поклониться родной земле,
родному городу и всем людям.

Между тем его супруга, Нина Осиповна Арбузова,
стоя позади его и язвительно глядя на его фигуру,
нетерпеливо постукивала о камни концом зонтика. Тут
же, несколько поодаль, стоял Еремеич, согнувшись под
двумя чемоданами, не зная, поставить ли их на землю и
тем самым загадить грязью их ослепительную поверх-
ность, или же держать их на спине и ждать, когда
прикажут ему нести. Но Иван Иванович, обернувшись,
любезно попросил не утруждать себя тяжестью и поставить ношу хотя бы в самую грязь. Иван Иванович даже
сам подошёл к Еремеичу и, помогая ему поставить чемоданы на землю, спросил:

— Ну как вообще? Как жизнь?

Несколько туповатый и лишённый всякой фантазии,
Еремеич, не привыкший к тому же к таким отвлечённым
вопросам и переносивший[12] на своей спине до пят-
надцати тысяч чемоданов, корзин и узлов, отвечал
простодушно и грубо:

— Живём, хлеб жуём...

Тогда Белокопытов принялся расспрашивать Ере-
меича о более реальных вещах и событиях, интересуясь
где то или иное лицо и какие изменения произошли в
городе. Но Еремеич, проживший безвыездно пятьдесят
шесть лет в своём городе, казалось, впервые слышал от
Белокопытова фамилии, имена и даже названия[13] улиц.

Сморкаясь и обтирая рукавом вспотевшее лицо,
Еремеич то принимался брать чемоданы, желая этим
показать, что пора двигаться, то вновь ставил их на
место, беспокоясь, что опоздает к следующему поезду.

Нина Осиповна нарушила их мирную беседу, язвительно спросив, намерен ли Иван Иванович тут остаться
и тут жить на лоне природы, или же у него есть ещё
кой-какие планы.

Говоря́ так, Ни́на О́сиповна серди́то стуча́ла ту́флей о ступе́ньки и ско́рбно сжима́ла гу́бы.

Ива́н Ива́нович приня́лся что́-то отвеча́ть, но тут на шум вы́шел из помеще́ния уважа́емый все́ми това́рищ Пётр Па́влович Си́тников. За ним сле́довал дежу́рный аге́нт уголо́вного ро́зыска. Но уви́дя, что всё обстои́т благополу́чно и что обще́ственная тишина́ и споко́йствие ниче́м не наруша́ется и ничего́, в су́щности, не случи́лось, кро́ме как[14] семе́йных спо́ров с посту́киванием да́мской ту́фли о ступе́ньки, Пётр Па́влович Си́тников поверну́лся бы́ло[15] наза́д, но Ива́н Ива́нович догна́л его́ и, спроси́в, по́мнит ли он его́, стал трясти́ ему́ ру́ки, кре́пко пожима́я и ра́дуясь.

Не теря́я своего́ досто́инства, Си́тников сказа́л, что он, действи́тельно, что́-то припомина́ет, что физионо́мия Белокопы́това как бу́дто ему́ знако́ма, но наско́лько э́то ве́рно, допо́длинно — не зна́ет и не по́мнит.

И, отгова́риваясь служе́бными дела́ми и пожима́я Белокопы́тову ру́ку, удали́лся, руко́й приве́тствуя незнако́мую сму́глую да́му.

За ним ушёл и дежу́рный аге́нт, спроси́в Белокопы́това о междунаро́дной поли́тике и о собы́тиях в Герма́нии. Аге́нт мо́лча вы́слушал речь Белокопы́това и, кивну́в голово́й, отошёл, приказа́в Ереме́ичу возмо́жно да́лее отнести́ от вхо́да чемода́ны, для того́ чтобы проходя́щие пассажи́ры не полома́ли бы себе́ но́ги.

Ереме́ич с се́рдцем[16] и оконча́тельно взвали́л на себя́ чемода́ны и пошёл вперёд, спра́шивая, куда́ нести́.

— В са́мом де́ле, — спроси́ла жена́ Белокопы́това, — куда́ ж ты наме́рен итти́?

С не́которым недоуме́нием и беспоко́йством Ива́н Ива́нович стал обду́мывать, куда́ ему́ итти́, но не знал и спроси́л Ереме́ича, нет ли тут побли́зости, хотя́ бы вре́менно, како́й-нибудь ко́мнаты.

Сно́ва поста́вив чемода́ны, Ереме́ич стал то́же обду́мывать и припомина́ть и, реши́в наконе́ц, что кро́ме как к

Катери́не Васи́льевне Коленко́ровой итти́ не́куда, пошёл
вперёд. Но Ива́н Ива́нович, обогна́в его́, сказа́л, что он
по́мнит э́ту добре́йшую же́нщину Катери́ну Васи́льевну,
по́мнит и зна́ет, где она́ живёт, и что он сам пойдёт
вперёд, ука́зывая доро́гу.

И он пошёл вперёд, разма́хивая рука́ми и хлю́пая
свои́ми изя́щными заграни́чными боти́нками по гря́зи.

Позади́ шёл, соверше́нно запари́вшийся, Ереме́ич.
За ним шла Ни́на О́сиповна Арбу́зова, высоко́ подобра́в
ю́бки и откры́в свои́ тонкова́тые но́ги в све́тлых се́рых
чулка́х.

<h2 style="text-align:center">4</h2>

Белокопы́товы посели́лись у Катери́ны Васи́льевны
Коленко́ровой.

Э́то была́ простоду́шная, доброва́тая бабе́нция, по
стра́нной причи́не интересу́ющаяся чем уго́дно,[1] кро́ме
полити́ческих собы́тий.

Э́та Катери́на Васи́льевна раду́шно приняла́ Бело-
копы́товых в свой дом, говоря́, что отведёт им са́мую
отли́чную ко́мнату ря́дом с това́рищем Я́ркиным, за-
ве́дывающим Пе́рвой Госуда́рственной Хлебопека́рней.

И Катери́на Васи́льевна не́сколько да́же торже́ствен-
но повела́ их в ко́мнаты.

С каки́м-то тре́петом, вдыха́я в себя́ ста́рый знако́мый
за́пах провинциа́льного жилья́,[2] Ива́н Ива́нович вошёл
в се́нцы,[2] просты́е и деревя́нные с мно́гими ды́рками в
стена́х, с гли́няным рукомо́йником в углу́ на верёвке и
ку́чей му́сора на полу́.

Ива́н Ива́нович восто́рженно прошёл че́рез се́ни, с
любопы́тством рассма́тривая забы́тый им гли́няный руко-
мо́йник, и пошёл в ко́мнаты. Ему́ всё сра́зу понра́вилось
тут — и скрип полови́ц, и то́нкие перебо́рки ко́мнат, и
ма́ленькие грязнова́тые о́кна, и ни́зенькие потолки́.
Ему́ понра́вилась и ко́мната, хотя́, в су́щности, ко́мната

была неважная и, по мнению автора, даже отврати-
тельная. Но почему-то и сама Нина Осиповна отозвалась
о комнате благосклонно, добавив, что для временного
жилья это вполне прилично.

Автор приписывает это исключительно усталости
приезжих. Автору впоследствии не раз приходилось[3]
бывать в этой комнате — более безвкусной обстановки
ему не приходилось видеть, хотя автор и сам живёт в
совершенно плохих условиях, в частном доме, у небо-
гатых людей. Автор при всём своём[4] уважении к при-
езжим совершенно удивляется их вкусу. Ничего
привлекательного в комнате не было. Жёлтые обои отста-
вали и коробились. Простой кухонный стол, прикрытый
клеёнкой, несколько стульев, диван и кровать — состав-
ляли всё небогатое имущество комнаты. Единственным,
пожалуй, украшением были оленьи рога, высоко пове-
шенные на стене. Но на одних рогах, к сожалению,
далеко не уедешь.[5]

Итак, Белокопытовы временно поселились у Катерины
Васильевны Коленкоровой.

Они сразу же повели жизнь тихую и размеренную.
Первые дни, никуда не выходя из дому, из-за грязи и
бездорожья, они сидели в своей комнате, прибирая её,
или восхищаясь оленьими рогами, или делясь своими
впечатлениями.

Иван Иванович был весел и шутлив. Он то подбегал
к окну, восторгаясь какой-нибудь тёлкой или глупой
курицей, зашедшей поклевать уличную дрянь, то бро-
сался в сени и, как ребёнок смеясь, плескался под
рукомойником, поливая свои руки то с одного носика,
то с другого.

Нина Осиповна, щепетильная, кокетливая особа, не
разделяла восторгов по поводу глиняного рукомойника.
Она, с брезгливой улыбкой, говорила, что, во всяком
случае, она предпочитает настоящий рукомойник,
этакий, знаете ли, с ножкой или с педалью — нажмёшь

и льётся. Впрóчем, осóбой обѝды насчёт рукомóйника
Нѝна Óсиповна не выскáзывала. Напрóтив, онá не раз
говорѝла:

— Éсли э́то врéменно, то я соглáсна и не сержу́сь.
И за неимéнием гербовóй пѝшут и на простóй.[6]

И, умы́вшись у́тром, рóзовая и свéжая, и помоло-
дéвшая лет на двáдцать, Нѝна Óсиповна с довóльным
вѝдом спешѝла в кóмнаты и там, надéв балéтный
костю́м — э́такие, знáете ли, тру́сики с гáзовой юбчёнкой
— танцевáла и упражнѝлась пéред зéркалом, грациóзно
приседáя то на одну́, то на другу́ю нóгу, то на óбе враз.[7]

Ивáн Ивáнович лáсково поглѝдывал на неё и на её
пустякóвые затéи, находѝ впрóчем, что провинциáльный
вóздух ей положѝтельно благоприѝтен и что онá ужé
нéсколько попрáвилась и пополнéла и нóги у ней[8] не
такѝе уж чересчу́р тонковáтые, как бы́ли в Берлѝне.
Утомѝвшись от свойх приседáний, Нѝна Óсиповна
присáживалась[9] в какóе-нибудь крéсло, а Ивáн Ивáнович, лáсково поглáживая её ру́ку, расскáзывал о своéй
здéшней жѝзни, о том, как одѝннадцать лет назáд он
бежáл, преслéдуемый цáрскими жандáрмами, и о том,
как он провёл пéрвые свой гóды изгнáния. Нѝна
Óсиповна расспрáшивала му́жа, жѝво интересу́ясь,
скóлько он имéл дéнег и какѝе у негó бы́ли зéмли. Áхая
и ужасáясь, как э́то он так бы́стро и срáзу растрáтил
своё состоѝние, онá сердѝто и рéзко выговáривала ему́
за егó глу́пую беспéчность и чудáчество.

— Ну как мóжно! Как мóжно так швырѝться деньгáми! — говорѝла онá, сдéрживая своё негодовáние.

Ивáн Ивáнович пожимáл плечáми и стáрался пере-
менѝть разговóр.

Иногдá их бесéды прерывáла Катерѝна Васѝльевна.
Онá входѝла в кóмнату и, остановѝвшись у дверéй,
покáчиваясь из стороны́ в стóрону, расскáзывала Бело-
копы́товым о всѝких городскѝх перемéнах и сплéтнях.

Ивáн Ивáнович с жáром расспрáшивал её о свойх

да́льних ро́дственниках и немногочи́сленных знако́мых и, узна́в, что большинство́ из них у́мерло за э́ти го́ды, а ины́е, как полити́ческие эмигра́нты, уе́хали — кача́л голово́й и беспоко́йно ходи́л вдоль ко́мнаты, пока́ Ни́на О́сиповна не брала́ его́ за́ руку и не уса́живала на стул, говоря́, что свои́м мелька́нием пе́ред глаза́ми он де́йствует ей на не́рвы.

Так проходи́ли пе́рвые дни без вся́ких волне́ний, трево́г и происше́ствий. И то́лько раз, по́д вечер, постуча́в в две́ри, вошёл к ним их сосе́д, Его́р Константи́нович Я́ркин, и, познако́мившись, до́лго расспра́шивал о заграни́чной жи́зни, спроси́в под коне́ц, не прода́жный ли у них чемода́н, стоя́вший в углу́.

И узна́в, что чемода́н не продаётся, а стои́т так себе́,[10] Его́р Константи́нович, не́сколько оскорби́вшись, ушёл из ко́мнаты, мо́лча поклони́вшись прису́тствующим.

Ни́на О́сиповна брезгли́во смотре́ла ему́ вслед, на его́ широ́кую фигу́ру с быча́чьей ше́ей, и печа́льно ду́мала, что вряд ли здесь в э́том провинциа́льном боло́те мо́жно найти́ настоя́щего изы́сканного мужчи́ну.

5

Ита́к, жизнь шла свои́м чередо́м.[1]

Грязь уже́ не́сколько пообсо́хла,[2] и по у́лицам взад и вперёд ста́ли снова́ть прохо́жие, спеша́ по свои́м дела́м и́ли прогу́ливаясь, луща́ се́мечки, хохоча́ и загля́дывая в чужи́е о́кна.

Иногда́ на у́лицу выходи́ли дома́шние живо́тные и, пощи́пывая траву́ и́ли ро́я нога́ми зе́млю, степе́нно проходи́ли ми́мо до́ма, нагу́ливая весе́нний жиро́к.

Высокообразо́ванный, зна́ющий отли́чно испа́нский язы́к и отча́сти латы́нь, Ива́н Ива́нович ничу́ть не беспоко́ился о свое́й судьбе́, наде́ясь в ближа́йшие же дни найти́ себе́ соотве́тствующую до́лжность и тогда́ перебра́ться на но́вую, бо́лее прили́чную кварти́ру. И, говоря́ об э́том со свое́й жено́й, Ива́н Ива́нович споко́йным то́ном объясня́л ей, что хотя́ сейча́с у него́ материа́льные дела́ не́сколько и стеснённые,[3] но что в ближа́йшее вре́мя э́то изме́нится к лу́чшему. Ни́на О́сиповна насто́йчиво проси́ла его́, возмо́жно поскоре́й приня́ться за де́ло и определи́ть своё положе́ние, и Ива́н Ива́нович обеща́л ей, сказа́в, что за́втра же он э́то сде́лает.

Одна́ко, пе́рвые его́ шаги́ не увенча́лись успе́хом. Немно́го обескура́женный он и на друго́й день пошёл в како́е-то учрежде́ние, но верну́лся гру́стный и слегка́ взволно́ванный. И, пожима́я плеча́ми, он опра́вдывался пе́ред жено́й, объясня́я ей, что э́то не та́к-то про́сто и не та́к-то сра́зу даётся прили́чная до́лжность челове́ку, хотя́ и[4] образо́ванному.

Он ка́ждое у́тро тепе́рь выходи́л на по́иски[5] слу́жбы, но ему́ отка́зывали, то ссыла́ясь на отсу́тствие соотве́тствующей до́лжности, то на неиме́ние у него́ служе́бного ста́жа.

Впро́чем, принима́ли Ива́на Ива́новича всю́ду о́чень приве́тливо и внима́тельно, о́чень интересова́лись и расспра́шивали о заграни́це и о возмо́жности но́вых мировы́х потрясе́ний, но, когда́ он переходи́л на де́ло, кача́ли голова́ми, разводи́ли рука́ми, говоря́, что они́ ничего́ не мо́гут поде́лать и что испа́нский язы́к, язы́к о́чень заба́вный и ре́дкий, но, к сожале́нию, потре́бности в нём не ощуща́ется.

Белокопы́тов уже́ переста́л говори́ть о своём испа́нском языке́. Он бо́льше напира́л тепе́рь на латы́нь, зна́я о его́[6] практи́ческом примене́нии, но и латы́нь Ива́на Ива́новича не вывози́ла.[7] Его́ выслу́шивали, интересова́лись да́же, прося́ для слу́ха изобрази́ть[8] по-лати́нски стишо́к и́ли фра́зу, но практи́ческого примене́ния никако́го не ви́дели.

Ива́н Ива́нович переста́л напира́ть на латы́нь. Он проси́л тепе́рь пи́сьменной рабо́ты, и́ли да́же подшива́ния дел,[9] но его расспрáшивали, что он умéет и какóй у негó профессионáльный стаж. И узнáв, что Ивáн Ивáнович ничегó не умéет и нет у негó никакóго профессионáльного стáжа, обижáлись, говоря́, что нельзя́ понапрáсну[10] беспокóить занятых людéй.

Кóе-гдé, впрóчем, Белокопы́тову предлагáли понавéдаться[11] чéрез мéсяц, не обещáя покá ничегó сущéственного.

Ивáн Ивáнович Белокопы́тов приходи́л тепéрь домóй в мрáчном и угнетённом состоя́нии. Нáскоро съев жидковáтый обéд, он завáливался в брюках на постéль и, отвернýвшись лицóм к стенé, избегáл разговóров и сцен со своéй женóй.

А онá, в свои́х трýсиках и в рóзовом гáзе, пры́гала, что дýра,[12] вокрýг зéркала, топочá[13] ногáми и закúдывая квéрху тонковáтые свои́ рýки с óстрыми локтя́ми.

Иногдá онá пытáлась дéлать сцéны, наговáривая кýчу всевозмóжных неприя́тностей Ивáну Ивáновичу и возмущáясь тем, что он вы́вез её из-за грани́цы на такýю бессодержáтельную жизнь, но Ивáн Ивáнович, чýвствуя и зня́я свою́ винý, отмáлчивался. И тóлько однáжды сказáл, что он ничегó не понимáет, что он и сам введён в заблуждéние насчёт испáнского языкá и насчёт всей своéй жи́зни. Он рассчи́тывал устрóиться на прили́чную дóлжность, но э́того не выхóдит,[14] оттогó что он, окáзывается, ничегó не умéет и ничегó не мóжет, и что об э́том он ещё никогдá не задýмывался. Ни́на Óсиповна заплáкала, говоря́, что э́то так не мóжет продолжáться, что дóлжен быть какóй-то конéц, что, в концé концóв, они́ задолжáли кругóм и дáже добрéйшей своéй хозя́йке Катери́не Васи́льевне. Тогдá, попроси́в её не плáкать, он предложи́л ей продáть чемодáн, хотя́ бы сосéду Егóру Константи́новичу Я́ркину.

Онá так и сдéлала. Онá ли́чно пошлá с чемодáном в кóмнату Я́ркина и дóлго просидéла там, вернýвшись нéсколько оживлённой с деньгáми в рукáх.

В дальнейшем таких сцен не повторялось. Вернее Иван Иванович, предчувствуя сцену, надевал шляпу и выходил на улицу. И всякий раз, когда выходил на улицу и проходил через сени, слышал, как его сосед Егор Константинович переговаривается через стенку с женой, предлагая ей кусок хлеба или бутерброд с сыром.

Иван Иванович выходил за ворота, на канаву и стоял там, уныло поглядывая на длинную улицу. Иногда он присаживался на скамейку возле палисадничка и, обняв руками свои колени, сидел неподвижно, с беспокойством поглядывая на прохожих.   .

Мимо него проходили люди спеша по своим делам. Какая-нибудь баба с корзинкой или с мешком с любопытством осматривала Ивана Ивановича и шла дальше, оборачиваясь назад раз десять или пятнадцать. Какие-нибудь мальчонки пробегали мимо него и, высовывая языки или хлопнув сидящего по коленке, стремительно убегали прочь.

Иван Иванович на всё это смотрел с печальной усмешкой, в сотый раз думая всё об одном и том же — о своей жизни и о жизни других людей, стараясь найти какую-то разницу или какую-то ужасную причину его несчастья.

Иной раз[15] мимо Белокопытова проходили рабочие текстильной фабрики с гармоникой, шутками и песнями. И тогда Белокопытов несколько оживлялся и долго смотрел на них, слушая их весёлые громкие песни, крики и возгласы.

И в такие дни, в дни сидения на канаве, Ивану Ивановичу казалось, что он, пожалуй, напрасно приехал сюда, в этот город, на эту улицу. Но куда нужно было приехать — он не знал. И ещё более обеспокоенный и согнувшийся он уходил домой, волоча по земле свои ноги.

6

Иван Иванович совершенно упал духом.[1] Его восторженное состояние после приезда сменилось молчаливой тоской и апатией.

Он чувствовал какой-то испуг перед неведомой ему, оказывается, жизнью. Ему казалось теперь, что жизнь — это какая-то смертельная борьба за право существовать на земле. И тогда, в смертельной тоске, чувствуя, что речь идёт о продлении его жизни, он выдумывал и выискивал[2] свои способности, свои знания и способы их применения. И, перебирая всё, что он знает, он приходил к грустному заключению, что он ничего не знает. Он знает испанский язык, он умеет играть на арфе, он немного знаком с электричеством и умеет, например, провести электрический звонок,[3] но всё это здесь, в этом городе, казалось ненужным и для горожан несколько смешным и забавным. Ему не смеялись в лицо, но он видел на лицах улыбки сожаления и хитрые, насмешливые взгляды, и тогда он, съёжившись, уходил прочь, стараясь подольше[4] не встречаться с людьми.

По заведённой привычке,[5] он всё ещё ежедневно и аккуратно выходил на поиски работы. Не торопясь и стараясь итти как можно медленней, он, без всякого трепета как раньше, почти механически, высказывал свои просьбы. Ему предлагали зайти через месяц, иногда же просто и коротко отказывали.

Иной раз, приведённый в тупое отчаяние, Иван Иванович с сердцем упрекал людей, требуя немедленно работу и немедленную помощь,[6] выставляя свои заслуги перед государством. И, уходя после этого, он чувствовал какое-то крайнее унижение и чью-то жестокость.

Целыми днями он таскался теперь по городу и вечером, полуголодный, с гримасой на лице, бродил бесце́льно из у́лицы в у́лицу,[7] от до́ма к до́му, стара́ясь оттяну́ть, отдали́ть свой прихо́д домо́й.

Ино́й раз он проходи́л че́рез весь го́род и, не заходя́ никуда́ и не остана́вливаясь, шёл всё пря́мо. И, мину́я Слобо́дку, выходи́л в откры́тое по́ле, пересека́л «Соба́чью ро́щицу» и шёл к ле́су. Там поброди́в до су́мерек, возвраща́лся домо́й.

И он входи́л в свою́ ко́мнату, закрыва́я глаза́, зна́я, что нале́во, у зе́ркала, в углу́ сиди́т неподви́жная Ни́на О́сиповна и язви́тельно и́ли в слеза́х осма́тривает его́.

Он избега́л разгово́ров, он избега́л да́же встреч, стара́ясь пробы́ть в до́ме недо́лго и то́лько но́чью.

Но одна́жды он сам заговори́л с жено́й.

Он сказа́л, что всё ги́бнет, что он отдаёт себя́ в ру́ки судьбы́, а она́, Ни́на О́сиповна, мо́жет, е́сли найдёт ну́жным, как уго́дно распоряжа́ться его́ иму́ществом. Он намека́л в да́нном слу́чае на оста́вшийся чемода́н и на кой-каки́е ве́щи из его́ заграни́чных костю́мов.

Услы́шав че́рез то́нкую перегоро́дку об э́том, в ко́мнату вошёл Его́р Константи́нович Я́ркин и сказа́л, что он с удово́льствием идёт навстре́чу их жела́ниям,[8] но то́лько от чемода́на отка́зывается категори́чески.

— Всё чемода́ны, да чемода́ны, — сказа́л Его́р Константи́нович, хму́рясь. — Нет ли чего́ друго́го прода́жного?

И узна́в, что есть, он стал рассма́тривать каки́е-то ве́щи и каки́е-то штаны́, поднося́ их к са́мым глаза́м. И, рассма́тривая на свет,[9] ха́ял, понижа́я их досто́инство.

Ни́на О́сиповна, оживлённая и неизве́стно чем взволно́ванная, шути́ла с Его́р Константи́новичем,[10] то хло́пая его́ легонько по руке́, то уса́живаясь грацио́зно на ру́чку кре́сла и пока́чивая тонкова́той ного́й.

Наконе́ц, Его́р Константи́нович, оста́вив де́ньги и любе́зно попроща́вшись, ушёл, захвати́в с собо́й ве́щи.

Не́сколько дней по́сле э́того прошли́ споко́йно и ти́хо. Но в конце́ неде́ли Ива́н Ива́нович, вы́йдя и́з дому утром, вернулся в полдень совершенно потрясённый и сияющий. Он нашёл себе службу.

Он встретил на улице своего старинного приятеля, который, участливо распросив и узнав о сумасшедшем положении Иван Ивановича, схватился за голову, обдумывая, как бы немедленно и сразу помочь своему другу. Он несколько конфузясь сказал, что он может, хотя бы временно, устроить его в один из потребительских кооперативов. Но что это временно, что такому образованному человеку, как Иван Иванович, необходима соответствующая должность.

Иван Иванович с дикой радостью схватился за предложение, говоря, что он заранее согласен в кооператив, что ему положительно по душе эта работа[11] и что он вовсе не захочет каких-то проблематических перемен. И, условившись обо всём, Иван Иванович опрометью бросился домой. И дома, теребя за руки то Катерину Васильевну, то свою жену, захлёбываясь говорил[12] о своём месте.

Он тотчас и немедленно развил им целую философскую систему о необходимости приспособляться, о прямой и примитивной жизни и о том, что каждый человек, имеющий право жить, непременно обязан, как и всякое живое существо и как всякий зверь, менять свою шкуру, смотря по времени.

И, говоря об этом запутанным, ломаным языком, недоговаривая слова и перескакивая с мысли на мысль, он пытался доказать свою теорию. Нина Осиповна слушала его, хлопая ушами,[13] нервно покуривая папиросу за папиросой.

Автор догадывается, что Иван Иванович Белокопытов, слегка запарившись от волнения, говорил о той великой научной теории, о симпатической окраске, о так называемой мимикрии, когда ползущий по стеблю жучок имеет цвет этого стебля для того, чтоб птица не склевала бы его, приняв за хлебную крошку.

Áвтору всё это ясно и понятно. И áвтор ничýть не
удивля́ется томý, что Ни́на Óсиповна хло́пала уша́ми,
не понима́я, о чём идёт речь. Áвтор не сли́шком-то
большо́го мне́ния о бале́тных танцо́вщицах.

7

Ива́н Ива́нович Белокопы́тов поступи́л в кооперати́в
«Наро́дное бла́го».

Ива́н Ива́нович встава́л тепе́рь чуть свет,[1] надева́л
свой уже́ потрёпанный костю́м, и, стара́ясь не разбуди́ть
свое́й жены́,[2] на цы́почках выходи́л и́з дому и бежа́л[3] на
слу́жбу. Он приходи́л туда́ почти́ всегда́ пе́рвым и стоя́л
у двере́й по ча́су и бо́льше,[4] дожида́ясь, когда́, наконе́ц,
придёт заве́дывающий и откро́ет[5] ла́вку. И, выходя́ из
ла́вки после́дним, вме́сте с сами́м заве́дывающим, он,
торопли́во шага́я и пры́гая че́рез кана́вы, шёл домо́й,
неся́ в рука́х каку́ю-нибудь вы́данную снедь.

До́ма, захлёбываясь и перебива́я самого́ себя́, он
говори́л жене́ о том, что э́та рабо́та ему́ соверше́нно по
душе́, что лу́чшего он и не хо́чет в свое́й жи́зни и что
быть хотя́ бы и прика́зчиком[6] э́то не так позо́рно и унизи́-
тельно и что, наконе́ц, э́та рабо́та о́чень прия́тная и
нетру́дная.

Ни́на Óсиповна дово́льно симпати́чно относи́лась к
э́той переме́не в жи́зни Ива́на Ива́новича, говоря́, что
е́сли э́то вре́менно, то э́то совсе́м не так пло́хо, как
ка́жется на пе́рвый взгляд, и что в дальне́йшем они́,
мо́жет быть, да́же смо́гут откры́ть свой небольшо́й ко-
операти́вчик. И, развива́я э́ту мысль, Ни́на Óсиповна
приходи́ла в соверше́нный восто́рг, рису́я себе́ карти́ну,
как они́ бу́дут торгова́ть са́ми — он за прила́вком,
си́льный, с засу́ченными рукава́ми и с топоро́м, а она́,
грацио́зная и слегка́ напу́дренная, за ка́ссой. Да, она́
непреме́нно бу́дет стоя́ть за ка́ссой и, ве́село улыба́ясь

покупателям, будет пересчитывать деньги, связывая их в аккуратные пачечки. Она любит пересчитывать деньги. Даже самые грязные деньги всё же чище кухонного передника и посуды.

И, думая так, Нина Осиповна хлопала в ладоши, наскоро надевала розовое трико и газ и снова начинала свои дурацкие прыжки и экивоки. А Иван Иванович, утомлённый дневной работой, заваливался спать, с нетерпением ожидая утра.

И, вернувшись к вечеру, Иван Иванович снова и опять делился с женой своими впечатлениями за день или смеясь рассказывал о том, как он вешал сегодня масло. И что лёгкий едва уловимый нажим одного пальца на весы чрезвычайно меняет вес предмета, оставляя кое-что в пользу приказчика.

Нина Осиповна оживлялась в этих местах. Она удивлялась, почему Иван Иванович нажимает одним только пальцем, а не двумя, говоря, что двумя, это ещё больше уменьшит вес масла. При этом страшно жалела, что нельзя вместо масла подсовывать покупателям какую-нибудь светловатую дрянь, вроде глины.

Тогда Иван Иванович поднимал свою жену на смех,[7] упрашивая её не очень-то[8] вмешиваться в его дела, чтоб не переборщить через край[9] и тем самым[10] не потерять службу. Но Нина Осиповна сердито советовала ему не слишком-то церемониться и не очень-то миндальничать с обстоятельствами. Иван Иванович соглашался. Он с некоторым даже пафосом говорил, что цинизм — это вещь совершенно необходимая и в жизни нормальная, что без цинизма и жестокости ни один даже зверь не обходится и что, может быть, цинизм и жестокость и есть самые правильные вещи, которые дают право на жизнь. Иван Иванович говорил ещё, что он был раньше глупым, сентиментальным щенком, но теперь он возмужал и знает, сколько стоит жизнь, и даже знает, что всё, что он раньше считал своим идеалом: — жалость, великоду́шие, нра́вственность — всё э́то не сто́ит ло́маного гроша́ и вы́еденного кури́ного яйца́.[11]

Ни́на О́сиповна не люби́ла его́ таки́х отвлечённых филосо́фских иде́й. Она́ с доса́дой маха́ла руко́й, говоря́, что вполне́ предпочита́ет не слова́, а реа́льные, ви́димые фа́кты и де́ньги.

Так шли дни.

Ива́н Ива́нович Белокопы́тов сде́лал уже́ не́сколько поку́пок и приобре́тений. Так, наприме́р, он купи́л не́сколько глубо́ких таре́лок[12] с си́ними ободка́ми, две и́ли три кастрю́льки, и наконе́ц, при́мус.

Э́то бы́ло це́лое торжество́, когда́ Ива́н Ива́нович купи́л при́мус. Ива́н Ива́нович сам распакова́л его́ и сам стал пока́зывать Ни́не О́сиповне, как с ним обраща́ться и как гото́вить на нём обе́д и́ли подогрева́ть мя́со.

Ива́н Ива́нович стал хозя́ином и расчётливым челове́ком. Он чрезвыча́йно жале́л, что за бесце́нок про́дал сосе́ду свои́ заграни́чные костю́мы. Но тут же утеша́л себя́, говоря́, что э́то де́ло нажи́вно́е[13] и что в ближа́йшее вре́мя он, непреме́нно, ку́пит себе́ хоро́ший, но просто́й и нема́ркого цве́та, костю́м.

Одна́ко, костю́ма Ива́ну Ива́новичу купи́ть не удало́сь.

Одна́жды вы́йдя, пе́ред закры́тием, из ла́вки и су́нув в портфе́ль два фу́нта стеари́новых свече́й и кусо́к мы́ла, Ива́н Ива́нович пошёл че́рез двор к вы́ходу.

В воро́тах его́ окли́кнул охра́нник, приказа́в ему́ останови́ться и показа́ть содержи́мое портфе́ля.

Весь ка́к-то сра́зу осу́нувшись Ива́н Ива́нович стоя́л мо́лча и гляде́л на охра́нника, не дви́гаясь с ме́ста. А охра́нник, сказа́в, что полу́чен строжа́йший прика́з не выпуска́ть со двора́ без о́быска, повтори́л своё тре́бование.

Ива́н Ива́нович стоя́л соверше́нно ошеломлённый, с трудо́м понима́я, что происхо́дит. Он позво́лил откры́ть свой портфе́ль, отку́да, при ра́достных кри́ках собра́вшихся, бы́ли извлечены́ злополу́чные све́чи и мы́ло.

Белокопы́това пригласи́ли в охра́ну, отобра́ли све́чи, сня́ли с него́ допро́с[14] и, соста́вив уби́йственный для него́ протоко́л, отпусти́ли его́, смея́сь над заба́вным его́ ви́дом, над его́ фигу́рой с прижа́тым к груди́ пусты́м и расстёгнутым портфе́лем.

Всё произошло́ насто́лько бы́стро и неожи́данно, что Ива́н Ива́нович, не представля́я я́сно своего́ положе́ния, вы́шел пошáтываясь на у́лицу. Он пошёл снача́ла по направле́нию к до́му, зате́м, не дойдя́ у́лицы[15] Сен-Жю́ста, поверну́л нале́во и пошёл ка́к-то стра́нно, не шевеля́ рука́ми и не воро́чая голово́й.

Он обошёл не́сколько кварта́лов, посиде́л на како́й-то лавчо́нке и по́здно но́чью верну́лся домо́й.

Он вошёл в дом, как слепо́й шáря пе́ред собо́й рука́ми, и, войдя́ в ко́мнату, лёг на посте́ль, и, отверну́вшись к стене́, приня́лся води́ть па́льцами по узо́рам обо́ев.

Он ни сло́ва не пророни́л[16] свое́й жене́. И та ничего́ не спра́шивала, узна́в зара́нее обо всём. Э́ту но́вость сообщи́л ей Его́р Константи́нович, придя́ домо́й по́сле слу́жбы.

И тепе́рь, несмотря́ на прису́тствие Белокопы́това, Его́р Константи́нович, постуча́в слегка́ в сте́ну, спроси́л Ни́ну О́сиповну, не ну́жно ли ей чего́[17] и не хо́чет ли она́ вы́кушать стака́н ча́ю[18] с бутербро́дом.

Ни́на О́сиповна, не гля́дя на му́жа, грудны́м, мелоди́чным то́ном отвеча́ла, что она́ сыта́ по го́рло[19] и сейча́с ложи́тся спать. Его́р Константи́нович ещё что́-то спроси́л, предупреди́тельно и ве́жливо, но она́, раздева́ясь и зева́я, сказа́ла, что спит.

И она́ действи́тельно легла́ на дива́н и, закры́в лицо́ рука́ми, лежа́ла так неподви́жно и стра́нно. Ива́н Ива́нович приподня́лся, чтобы потуши́ть свет, но, взгляну́в на дива́н, сел и до́лго смотре́л на жену́. И ему́ показа́лось, что у неё отча́янное состоя́ние, что она́ близка́ к ги́бели. И он хоте́л подойти́ к жене́, встать на коле́ни, и что́-то говори́ть бо́дрым и споко́йным то́ном. Но не смел.

8

Он лежа́л вы́тянувшись вдоль крова́ти, стара́ясь не дви́гаться и ни о чём не ду́мать. Но ду́мал — не о случи́вшемся сего́дня, а о свое́й жене́, о печа́льной её жи́зни и о том, что не все лю́ди име́ют пра́во существова́ть.

С э́тими мы́слями он стал засыпа́ть. Кака́я-то стра́шная уста́лость скова́ла его́ но́ги и кака́я-то тя́жесть легла́ на всё его́ те́ло. И, закры́в глаза́, он за́мер. Дыха́нье его́ ста́ло ро́вное и споко́йное.[1]

Но вдруг осторо́жное ша́рканье ног и скрип две́ри заста́вили его́ вздро́гнуть и просну́ться.

Он просну́лся, вздро́гнув всем те́лом. Присе́л на крова́ть и беспоко́йно огляде́л ко́мнату. Небольша́я кероси́новая ла́мпа е́ле горе́ла, ску́дно отбра́сывая дли́нные те́ни. Ива́н Ива́нович огляну́лся на дива́н — жены́ не́ было.

Тогда́, беспоко́ясь и волну́ясь за неё, он вскочи́л на́ ноги и прошёл по ко́мнате, осторо́жно ступа́я на носки́.

Пото́м подбежа́л к две́ри, откры́л её и в испу́ге, в преду́тренней дро́жи, стуча́ зуба́ми бро́сился в коридо́р. Он вы́бежал в ку́хню, загляну́л в се́ни — всё бы́ло ти́хо и споко́йно. То́лько ку́рица в сеня́х, вспу́гнутая Ива́н Ива́новичем, шара́хнулась в сто́рону, стра́шно закрича́в.

Белокопы́тов верну́лся в ку́хню. Со́нная Катери́на Васи́льевна сиде́ла тепе́рь на крова́ти, о́чень зева́я и ме́лко крестя́ свой рот.[2] Она́ вме́сте с тем прислу́шивалась к необыча́йному шу́му. И, уви́дев пе́ред собо́й Ива́на Ива́новича, споко́йно улегла́сь, ду́мая, что он идёт за нуждо́й.[3]

Но Ива́н Ива́нович, подойдя́ к хозя́йке, стал тереби́ть её за́ руку, умоля́я отве́тить, не проходи́ла ли че́рез ку́хню его́ жена́.

Крестя́сь и разводя́ рука́ми, Катери́на Васи́льевна отгова́ривалась незна́нием. Пото́м она́ ста́ла надева́ть на себя юбку, говоря, что если Нина Осиповна и ушла, то, небось, вернётся.

И, одевшись и подойдя к запертой двери, Катерина Васильевна сказала, что жена Ивана Ивановича дома. И если нету её в комнате, то, небось, сидит у соседа.

И, поманив Белокопытова пальцем, повела его в коридор и, подойдя к дверям Яркина, припала к замочной скважине.

Иван Иванович тоже хотел подойти к двери, но в эту минуту пол под ним скрипнул, и в комнате соседа завозились. И сам Егор Константинович, шлёпая босыми ногами, подойдя к двери, спросил хрипло: — Кто? Чего надо?[4]

Иван Иванович хотел промолчать, но сказал:

— Это я...Не у вас ли Нина Осиповна Арбузова?

— У меня, — сказал Яркин. — Чего надо?

И, не получив ответа, взялся за ручку двери.

В комнате послышался прерывистый шопот. Нина Осиповна настойчиво умоляла отдать ей какой-то револьвер, говоря, что всё обойдётся благополучно.[5] Потом сама, подойдя ближе к двери и взявшись за ручку, спросила негромко:

— Ваня...ты?

Иван Иванович съёжился и, пробормотав неясное, удалился в свою комнатку. И там присел на кровать.

Автор предполагает, что особого отчаяния у Иван Ивановича не было. А если Иван Иванович и присел на кровать с видимым отчаянием, что может это только в первую минуту. Потом-то раздумав, он наверное даже обрадовался. Автору кажется, что Иван Иванович и не мог не обрадоваться. Страшная обуза сошла с[6] его плеч. Всё-таки беспокойство о жизни Нины Осиповны, всякие для неё удовольствия, театры; и лучший кусок хлеба он должен был предоставить ей. А теперь, когда жизнь Ивана Ивановича сильно ухудшилась, то и прокормить такую дамочку вопрос был немаловажный.[7]

Тем бо́лее, что, напры́гавшись[8] за́ день перед зе́ркалом, она́ и за двои́х съеда́ла.[9]

Так вот, посиде́в на крова́ти и придя́ к заключе́нию, что нет ничего́ ужа́сного, Ива́н Ива́нович сно́ва лёг и пролежа́л до утра́, не смыка́я глаз.[10] Он ни о чём не ду́мал, но его́ голова́ гуде́ла и налива́лась свинцо́м.

И когда́ он встал — э́то был не́сколько ино́й Ива́н Ива́нович. Впа́лые глаза́, жёлтая смо́рщенная ко́жа и трёпаные[11] во́лосы чрезвыча́йно его́ измени́ли. И да́же, когда́ он вы́мылся холо́дной водо́й, э́та переме́на не исчеза́ла.[12]

У́тром, оде́вшись и по привы́чке причеса́в свои́ во́лосы, Ива́н Ива́нович вы́шел и́з дому. Он ме́дленным ша́гом дошёл до кооперати́ва, но вдруг поверну́в кру́то в сто́рону и вздро́гнув, зашага́л прочь.

Он до́лго шёл уны́лым механи́ческим ша́гом и, вы́йдя за́ город, напра́вился на своё люби́мое ме́сто к ле́су, за «Соба́чью ро́щицу».

Он прошёл ро́щу, ступа́я на жёлтые, осе́нние ли́стья, и вы́шел на поля́нку.

Вся поля́нка была́ изры́та ста́рыми, оста́вшимися от войны́, око́пчиками, земля́нками и блиндажа́ми. Ржа́вая колю́чая про́волока висе́ла клочка́ми на небольши́х ко́льях.

Ива́н Ива́нович люби́л э́то ме́сто. Он не раз броди́л здесь по око́пчикам, лежа́л у опу́шки ле́са и, гля́дя на все э́ти вое́нные зате́и, хитро́ улыба́лся свои́м мы́слям. Но тепе́рь он не́сколько равноду́шно и как бы не замеча́я ничего́, прошёл ми́мо и, дойдя́ до ле́са, присе́л на полузава́ленную земля́нку, вы́рытую лет, мо́жет, семь наза́д.

Он до́лго сиде́л так, ни о чём не ду́мая, пото́м пошёл да́льше, пото́м сно́ва верну́лся и лёг на траву́. И лежа́л до́лго, уткну́вшись ничко́м,[13] и для чего́-то тереби́л рука́ми траву́. Пото́м сно́ва встал и пошёл в го́род.

Была́ ра́нняя о́сень. Жёлтые ли́стья лежа́ли на земле́. И земля́ была́ тёплая и суха́я.

9

Ива́н Ива́нович стал жить оди́н.

Возвраща́ясь по́сле свои́х скита́ний домо́й и с гру́стью огля́дывая своё опусте́вшее жильё, Ива́н Ива́нович приса́живался на крова́ть, обду́мывая, каки́е ве́щи исче́зли из ко́мнаты вме́сте с Ни́ной О́сиповной. Таки́х веще́й ока́зывалось поря́дочно:[1] не́ было при́муса, ку́пленного в счастли́вые дни, не́ было ска́терти на столе́, да́же бы́ло сня́то и унесено́ зе́ркало и небольшо́й ко́врик пе́ред крова́тью.

Ива́н Ива́нович не о́чень-то огорча́лся о поте́ре э́тих веще́й. Чёрт с ни́ми![2] — ду́мал до́брый Ива́н Ива́нович, прислу́шиваясь, что говори́ли за сте́нкой.

Но за сте́нкой говори́ли постоя́нно шо́потом и слов нельзя́ бы́ло разобра́ть. То́лько вре́мя от вре́мени бы́ли слы́шны басо́вые но́тки Его́ра Константи́новича. Э́то Его́р Константи́нович, ви́димо, утеша́л Ни́ну О́сиповну, боя́вшуюся за своё но́вое благополу́чие и за те ве́щи, кото́рые она́ взяла́, не спроси́в му́жа.

Но Ива́ну Ива́новичу тепе́рь бы́ло не до веще́й.[3] Он ка́ждое у́тро направля́лся за́ город, шёл че́рез ро́щицу и, минова́в поля́нку, выходи́л к ле́су.

Там, приса́живаясь на свою́ земля́нку и́ли бродя́ по́ лесу и цепля́я нога́ми за коря́ги,[4] он ду́мал, верне́е обду́мывал своё но́вое положе́ние. Он стара́лся одно́й како́й-то мы́слью определи́ть то, что случи́лось, что произошло́ и отчего́ произошло́.

Но не знал.

Он знал то́лько, что те не́сколько его́ тео́рий о существова́нии ника́к не подхо́дят тепе́рь к его́ э́той жи́зни и что ни приспособле́ние, ни я́ростная борьба́ с жи́знью, ни жесто́кости, ни да́же возмо́жность рабо́ты — не спасёт его́ от неминуе́мой ги́бели.

Ги́бель была́ предрешена́ — э́то он знал, но в си́лу

какой-то воли он старался найти выход и хотя бы теоретически придумать возможность выхода, возможность продлить своё существование. Он не хотел смерти. Напротив, задумываясь об этом, он с досадой отгонял эту мысль, считая её вздорной и ему ненужной. И старался в такие моменты думать о другом.

И, бродя по лесу, Иван Иванович думал, что отчего бы ему не остаться здесь жить. Ему уже рисовались картины,[5] как он живёт в полузаваленной землянке, среди грязи и нечистот, и как ползком, как животное, на четвереньках вылезает из своей норы и отыскивает пищу.

Но потом смеялся.

Он теперь не всякий вечер[6] уходил домой. Он оставался иногда в лесу. И полуголодный, поедая сырые грибы, корни и ягоды, засыпал под каким-нибудь деревом, положив под голову свои руки.

А во время дождя, он вползал в землянку. И сидел в землянке скорчившись и обняв худые свои ноги, слушая, как капли дождя колотят о деревья.

10

Была осень. Шли непрерывные дожди. Снова невозможно было выходить без галош. И снова грязь доходила до колен.

Нина Осиповна жила с Егор Константиновичем Яркиным беспечно и тихо. Ей пришлось отложить свои упражнения в танцах. Она была беременна, и Егор Константинович, узнав об этом, боясь за потомство, категорически воспретил ей наряжаться в розовую дрянь, грозя, в противном случае, сжечь в печке эти тряпки. И Нина Осиповна, покапризничав и слегка поплакав, смирилась и сидела теперь подле окна, безучастно глядя на грязную улицу. Но иной раз она спра́шивала у Я́ркина, не зна́ет ли он чего́[1] об её му́же. Его́р Константи́нович усмеха́лся и маха́л руко́й, прося́ ра́ди бу́дущего ребёнка не ду́мать о му́же.

И Ни́на О́сиповна умолка́ла, ду́мая всё же, отчего́ э́то всё ре́же и ре́же она́ слы́шит шаги́ в сосе́дней ко́мнате.

И, действи́тельно, Ива́н Ива́нович всё ре́же стал ходи́ть домо́й, и когда́ ходи́л, то избега́л встреч с людьми́, а встреча́я, о́чень конфу́зился и перебега́л у́лицу, стара́ясь скрыть свой промо́кший побуре́вший костю́м.

Ива́н Ива́нович не входи́л да́же тепе́рь в свою́ ко́мнату. И, приходя́ домо́й, остана́вливался в сеня́х и мо́лча здоро́вался с Катери́ной Васи́льевной, вся́кий раз боя́сь, что она́ заорёт, зато́пает нога́ми и пого́нит его́ прочь. Но Катери́на Васи́льевна, не скрыва́я своего́ удивле́ния и жа́лости, и, почему́-то, не зовя́ его́ хотя́ бы в ку́хню, выноси́ла ему́ в се́ни хлеб, суп и́ли всё, что оста́лось от обе́да. И, не сде́рживая свои́х слёз, пла́кала, смотря́, как Ива́н Ива́нович худы́ми, се́рыми па́льцами разрыва́л еду́ и прогла́тывал, чмо́кая и скрипя́ зуба́ми.

И, съев всё, что ему́ приноси́лось, и схвати́в с собо́й кусо́к хле́ба, Ива́н Ива́нович тро́гал за рука́в Катери́ну Васи́льевну и убега́л сно́ва.

Он сно́ва возвраща́лся в свою́ земля́нку. И сно́ва сади́лся в обы́чную свою́ по́зу, ка́шляя и сплёвывая на свой костю́м.

Но он не́ был сумасше́дший, э́тот Ива́н Ива́нович Белокопы́тов. А́втору допо́длинно изве́стна его́ встре́ча с одни́м из ста́рых прия́телей. Ива́н Ива́нович вполне́ разу́мно и не́сколько да́же ирони́чески говори́л о свое́й жи́зни. И, потряса́я лохмо́тьями своего́ заграни́чного костю́ма, гро́мко смея́лся, говоря́, что всё э́то вздор, что всё слеза́ет с челове́ка, как о́сенью шку́ра живо́тного.

И, попроща́вшись с прия́телем, кре́пко пожа́в ему́ ру́ку, пошёл к свое́й земля́нке.

Странно и непонятно жил теперь Иван Иванович. Стараясь ни о чём не думать, а жить так, как-нибудь, чтобы прожить, он всё же, видимо, не мог не думать и всё время носился со своими планами о жизни, приходя к заключению, что жить в землянке не так-то уж плохо, но что из животных он самое плохое животное, у которого хронический бронхит и насморк. И, думая так, Иван Иванович печально покачивал головой.

Ему теперь всё чаще и чаще приходила мысль о неминуемой гибели, но он по-прежнему с раздражением отвергал мысль о самоубийстве. Ему казалось, что нет у него на это ни воли, ни охоты, и что ни одно животное никогда ещё не погибало от самого себя.

Была ли в этом слабая воля Ивана Ивановича или была какая-то неопределённая надежда — неизвестно. Во всяком случае однажды и неожиданно Иван Иванович придумал план, по которому он должен погибнуть.

Это было утром. Осеннее солнце было ещё ниже деревьев, когда Иван Иванович, вздрогнув, проснулся в своей землянке. Страшная сырость, дрожь и озноб охватили всё его тело. Он проснулся, открыл глаза и вдруг совершенно отчётливо подумал о своей гибели. Ему показалось, что сегодня он должен погибнуть. Как и отчего он ещё не знал. И стал думать. И вдруг решил, что должен погибнуть, как зверь, в какой-то отчаянной схватке.

В его воображении стали рисоваться картины этой схватки. Он борется с человеком, хотя бы с Егор Константиновичем, к которому ушла его жена. Они грызутся зубами, валяются по земле, подминают под себя друг друга, рвут волосы...

Иван Иванович окончательно проснулся и, дрожа всем телом, сел на землю. И осторожно, мысль за мыслью, стал обдумывать, стараясь не пропустить ни одной мелочи.

Вот он приходит в комнату. Отворяет дверь. Яркин,

непремéнно, сидит за столóм напрáво. У окнá бýдет сидéть Нина Óсиповна, сложив на животé рýки. Ивáн Ивáнович подойдёт к Я́ркину и пихнёт его двумя́ рукáми в плечó и грудь. Тот откинется назáд, стýкнется головóй о стéну, потóм вскóчит и, вы́нув револьвéр, застрéлит его — Ивáна Ивáновича Белокопы́това.

И, придýмав такóй план, Ивáн Ивáнович вскочил нá ноги, но, удáрившись головóй о потолóк, сел и попóлз из земля́нки.

И спокóйным рóвным шáгом пошёл в гóрод, обдýмывая мéлочи. Потóм, желáя закóнчить всё скорéй и рáзом, брóсился óпрометью бежáть, вскидывая ногáми и разбрáсывая вокрýг себя́ грязь, листья и бры́зги.

Он дóлго бежáл. Почти до сáмого дóма. И тóлько увидев дом, замéдлил шаг и пошёл совсéм тихо.

Какáя-то бéлая собачóнка равнодýшно заля́ла на негó.

Нагнýвшись и подня́в с земли кáмень, Ивáн Ивáнович мéтко брóсил в неё.

Собáка с визгом отбежáла за ворóта и, вы́сунув мóрду в калитку, отчáянно заля́ла, скáля зýбы.

Схватив кусóк гря́зи, Ивáн Ивáнович брóсил в собáку опя́ть. Потóм брóсил ещё раз. Потóм подошёл к ворóтам и приня́лся́ дразнить живóтное ногóй, подпры́гивая и старáясь попáсть по зубáм.[2]

Какóе-то бéшенство, испýг овладéли собáкою. Онá в смертéльном стрáхе скулила ужé, поднимáя вéрхнюю губý и старáясь ухватить человéка зá ногу. Но Ивáн Ивáнович лóвко и вó-время отдёргивал нóгу и бил собáку рукóй и гря́зью.

Бáбка Пепелю́ха, как ошпáренная кипяткóм, вы́скочила из дому, подбирáя сáмые ужáсные и я́ростные выражéния для гнýсных мальчишек, дразнивших её пса. Но, увидев большóго, лохмáтого человéка, разинула рот,[3] сказáв сначáла, что довóльно сты́дно сознáтельным граждáнам дразнить собáк. Но снóва смóлкла и, разинув рот, останови́лась неподви́жная, гля́дя на удиви́тельную сце́ну.

Ива́н Ива́нович, стоя́ тепе́рь на коле́нях, боро́лся с соба́кой, пыта́ясь рука́ми разорва́ть ей пасть. Соба́ка су́дорожно хрипе́ла, раски́дывая и цара́пая зе́млю нога́ми.

Тётка Пепелю́ха, стра́нно и то́нко закрича́в, бро́силась к Ива́ну Ива́новичу и, е́ле вы́рвав от него́ соба́ку, убежа́ла в дом.

А Ива́н Ива́нович, обтере́в иску́санные свои́ ру́ки, ме́дленным и тяжёлым ша́гом пошёл да́льше.

А́втору не́сколько стра́нно и чудно́ говори́ть об э́том происше́ствии. А́втор да́же слегка́ огорчён посту́пком Ива́на Ива́новича. Коне́чно, а́втор ничу́ть не жале́ет пепелю́хиной соба́ки, пёс с ней,[4] с соба́кой, а́втор то́лько огорча́ется той нея́сностью и неле́постью посту́пка и положи́тельно не зна́ет, — в тот моме́нт зашёл ли у Ива́на Ива́новича ум за ра́зум,[5] и́ли ум за ра́зум не заходи́л, а была́ про́сто игра́, случа́йность, кра́йнее раздраже́ние не́рвов. Впро́чем, всё э́то кра́йне нея́сно и психологи́чески непоня́тно.

И така́я нея́сность, уважа́емые чита́тели, к[6] знако́мому лицу́ и к изве́стному хара́ктеру! А хоро́ш был бы а́втор, спу́тавшись с неизве́стным геро́ем? Завра́лся бы, вконе́ц[7] завра́лся!

Да́же англи́йский писа́тель Джек Ло́ндон[8] — и тот бы завра́лся. О́чень уж разноречи́вые бы́ли на э́тот счёт слу́хи.

Тётка Пепелю́ха, наприме́р, крести́лась и божи́лась, что Ива́н Ива́нович был соверше́нно тро́нувшись,[9] что у него́ висе́л язы́к и изо рта слю́ни текли́. Катери́на Васи́льевна, не ме́нее на́божная да́мочка, то́же была́ близка́ к той же мы́сли. Одна́ко, станцио́нный сто́рож и геро́й труда́ Ереме́й[10] утвержда́л обра́тное. Он говори́л, что Ива́н Ива́нович Белокопы́тов здоро́в, как бык, и что больны́х и свихну́вшихся обыкнове́нно сажа́ют в специа́льные дома́. Его́р Константи́нович Я́ркин то́же был

уве́рен в по́лном уме́ и твёрдой па́мяти Белокопы́това.
Что же каса́ется уважа́емого това́рища Си́тникова, то
Си́тников не бра́лся что́-либо утвержда́ть, говоря́, что
он мо́жет, в слу́чае кра́йней на́добности, списа́ться
с одни́м моско́вским психиа́тром. Но э́то дли́нно и
неве́рно. Пока́ това́рищ Си́тников напи́шет, да пока́
моско́вский психиа́тр раскача́ется с отве́том,[11] да, не-
бо́сь, отве́тит ещё вы́пивший[12] и, да́ром что[13] моско́вский
психиа́тр, а таку́ю галиматью́ понесёт,[14] что вста́вишь
её в печа́ть, а по́сле, поди́ дока́зывай,[15] что ты не при
чём тут.[16] Лу́чше уж, оста́вив всё э́то на со́вести сами́х
чита́телей, а́втор перейдёт к дальне́йшему.

11

Ива́н Ива́нович отёр свой ру́ки о костю́м и пошёл к до́му.
Кровь ме́дленно стека́ла с обку́санных соба́кой па́льцев,
но Ива́н Ива́нович, ничего́ не замеча́я и не чу́вствуя
бо́ли, подходи́л к до́му.

Он останови́лся на мгнове́ние у кали́тки и, огля-
ну́вшись наза́д, шмыгну́л во двор. Вбежа́л по ступе́нь-
кам и, приоткры́в две́ри, ти́хо вошёл в се́ни.

Стра́нный тре́пет прошёл по его́ те́лу. Се́рдце стуча́ло
и дыха́ние бы́ло преры́вистым.

Он постоя́л в сеня́х и, нике́м не заме́ченный, вошёл в
коридо́р. И там, на скрипу́чих доска́х, подойдя́ к две́ри
Я́ркина, останови́лся, прислу́шиваясь.

Бы́ло, как и всегда́, ти́хо.

Ива́н Ива́нович вдруг толкну́л от себя́ дверь и, откры́в
её на́стежь, вошёл за поро́г.

Всё бы́ло, как и ду́мал Ива́н Ива́нович. Напра́во у
стола́ сиде́л Я́ркин. Нале́во, у окна́, в кре́сле, сложи́в на
животе́ ру́ки, сиде́ла Ни́на О́сиповна. На столе́ стоя́ли
стака́ны. Лежа́л хлеб. И на шипя́щем при́мусе кипе́л
ча́йник.

Каки́м-то одни́м взгля́дом Ива́н Ива́нович впита́л в себя́ всё э́то и, продолжа́я неподви́жно стоя́ть, взгляну́л на свою́ жену́.

Она́ ти́хо а́хнула, уви́дев его́, и приподняла́сь в кре́сле. А Его́р Константи́нович замаха́л на неё рука́ми, упра́шивая не беспоко́иться ра́ди ребёнка. Пото́м, приподня́вшись, что́бы пойти́ навстре́чу го́стю, остановился и сно́ва сел, руко́й приглаша́я войти́ в ко́мнату и прикры́ть дверь, не остужа́я зря помеще́ния.

И Ива́н Ива́нович вошёл. Слегка́ поту́пив го́лову и приподня́в пле́чи, он подошёл к сидя́щему Его́р Константи́новичу и остановился в двух шага́х от него́. Смерте́льная бле́дность вдруг покры́ла лицо́ Его́р Константи́новича. Он сиде́л на сту́ле, не́сколько отки́нувшись наза́д, и, шевеля́ губа́ми, не дви́гался с ме́ста.

Ива́н Ива́нович не́сколько секу́нд стоя́л мо́лча. Пото́м, бы́стро взгляну́в на Я́ркина, на то ме́сто, куда́ он до́лжен был уда́рить, вдруг усмехну́лся и, отойдя́ не́сколько в сто́рону, присе́л на стул.

Его́р Константи́нович вы́прямился на своём ме́сте и гляде́л тепе́рь на Белокопы́това серди́тым, злым взгля́дом. А Ива́н Ива́нович сиде́л, опусти́в ру́ки пле́тью,[1] и неви́димым взо́ром гляде́л в одну́ то́чку. И ду́мал, что у него́ не́ту ни зло́бы, ни не́нависти к э́тому челове́ку. Он не мог и не хоте́л к нему́ подойти́ и уда́рить. И сиде́л на сту́ле и чу́вствовал себя́ уста́лым и нездоро́вым. И ему́ ничего́ не хоте́лось. Ему́ хоте́лось вы́пить горя́чего ча́ю.

И, ду́мая так, он взгляну́л на при́мус, на ча́йник на при́мусе, на хлеб, наре́занный ло́мтиками. Кры́шка на ча́йнике приподнима́лась, пар вали́л клу́бом,[2] и вода́ с шипе́нием облива́ла при́мус.

Его́р Константи́нович встал и загаси́л ого́нь.

И тогда́ в ко́мнате наступи́ла соверше́нная тишина́.

Ни́на О́сиповна, уви́дев, что Ива́н Ива́нович при́стальным взо́ром смо́трит на при́мус, сно́ва приподняла́сь в своём кре́сле и, жа́лобным то́ном, скорбно сжав губы, стала уверять, что она вовсе не хотела зажилить этот несчастный примус, что она взяла его временно, зная, что Иван Иванович в нём не нуждается.

Но Егор Константинович, замахав на неё руками и прося не волноваться, ровным, спокойным голосом стал говорить, что он ни за что не возьмёт даром этой штуки, что завтра же он заплатит Иван Ивановичу полностью все деньги по рыночной стоимости.[3]

— Я заплатил бы вам и сегодня, — сказал Егор Константинович, — но я должен разменять деньги. Завтра вы обязательно зайдите утром же.

— Хорошо, — коротко сказал Иван Иванович. — Я зайду.

И вдруг, забеспокоившись и заёрзав на стуле, Иван Иванович обернулся к своей жене и сказал, что он просит его извинить, что он очень устал и потому сидит на стуле такой грязный.

Она закивала головой, волнуясь и скорбно сжимая губы. И, снова приподнявшись на стуле, сказала:

— Ты, Ваня, не сердись...

— Я не сержусь, — просто ответил Иван Иванович.

И встал. Шагнул к жене, потом поклонился и молча вышел из комнаты, тихо притворив за собой дверь.

Он вышел в коридор. Постоял с минуту.[4] И пошёл к выходу.

В кухне его ожидала Катерина Васильевна. Почему-то знаками и боясь проронить слово она манила его, приглашая жестами присесть и покушать супу. И Иван Иванович, почему-то тоже не проронив слова, молча покачал головой и, улыбнувшись и погладив хозяйке руку, вышел.

С криком выбежала Катерина Васильевна за ним, но Иван Иванович, обернувшись и махнув рукой, прося этим не итти за ним, скрылся за воротами.

12

На другóй день Ивáн Ивáнович за деньгáми не зашёл. Он исчéз из гóрода.

Егóр Константи́нович Я́ркин ли́чно, с деньгáми в рукáх обéгал все у́лицы, все учреждéния, оты́скивая Ивáна Ивáновича. Егóр Константи́нович говори́л, что он совершéнно тут не при чём, что дéньги за при́мус — вот они́, дéньги, — что он вóвсе не желáет пóльзоваться чужи́м добрóм и что éсли он не найдёт Ивáн Ивáновича, то пожéртвует э́ти дéньги на дéтский дом.

Егóр Константи́нович бéгал дáже на поля́нку, за «Собáчью рóщицу», но Ивáна Ивáновича не нашёл.

Как зверь, котóрому нелóвко пóсле смéрти остáвить на виду́ своё тéло, Ивáн Ивáнович бесслéдно исчéз из гóрода.

Товáрищ Пётр Пáвлович Си́тников и стóрож, герóй трудá Еремéй, в оди́н гóлос утверждáли, что ви́дели, бýдто Ивáн Ивáнович Белокопы́тов вскочи́л на отходя́щий пóезд. Но зачéм он вскочи́л и кудá он уéхал — никомý неизвéстно. Никтó и никогдá о нём бóльше не слы́шал.

13

Былá прелéстная веснá.

Снег ужé стáял. И пти́цы снóва привéтствовали свой нóвый год. В оди́н из таки́х дней Ни́на Óсиповна Арбýзова разреши́лась от брéмени,[1] подари́в ми́ру прекрáсного мальчи́шку в вóсемь с половńной фýнтов.[2]

Егóр Константи́нович был необыкновéнно счáстлив и довóлен.

Дéньги же за при́мус, двенáдцать рублéй зóлотом, он пожéртвовал на дéтский дом.

NOTES

ABBREVIATIONS

acc.	accusative case	nom.	nominative case
adv.	adverb	obj.	object
arch.	archaic	p.	past tense
coll.	colloquial	p. act. part.	past active participle
comp.	comparative degree	p. adv.	past adverbial
constr.	construction	part.	participle (gerund)
dat.	dative case	perf.	perfective aspect
dim.	diminutive	pers.	person, personal
expr.	expression	pl.	plural
fem.	feminine	pop.	popular
fig.	figurative	p. p.	passive participle
fut.	future tense	pr.	present tense
gen.	genitive case	pr. adv.	present adverbial
imp.	imperfective aspect	part.	participle (gerund)
impers.	impersonal	prep.	prepositional case
indecl.	indeclinable	prepos.	preposition
instr.	instrumental case	pron.	pronoun
intrans.	intransitive verb	sing.	singular
lit.	literally	subj.	subject
masc.	masculine	trans.	transitive verb
neg.	negative		

1

1 е́сли...напи́шет: when a general truth is being stated, perf. fut. may be used in conditional and temporal clauses to indicate an action on the completion of which something else is dependent.

2 то тако́му а́втору: note coll. omission of verb in this impers. constr. Normally one would say а́втор бу́дет по́льзоваться уваже́нием.

3 уж е́сли: the particle уж is used here for emphasis and could be translated by *in fact.*

4 по ста рубле́й за лист: *at a hundred roubles a page.* Ста is dat. of сто. To express the idea of *so much* or *so many* each, the prepos. по is used with dat. In such constructions with 2, 3, 4, 200, 300, 400 and higher numbers, as well as collective numerals, acc. is used, e.g. по́ две копе́йки, по две́сти рубле́й, по́ двое.

5 на наш...взгля́д: *in our opinion.* Also по на́шему мне́нию.

6 проистека́ют...собы́тия: the verb проистека́ть is not usually found with собы́тия; this rather pompous word is used here ironically. Its normal meaning is *to result from, arise from,* e.g. из э́того проистека́ет, что, *from this it arises that.* The verb usually used with собы́тия is происходи́ть, -изойти́, *to happen.*

7 у...а́втора есть така́я геогра́фия: this sounds as absurd in Russian as its literal translation does in English.

8 прожива́ет: the use of прожива́ть in place of жить suggests officialese.

9 воо́чию ви́дит: *sees with his own eyes.* Воо́чию, derived from о́чи, poetic word for глаза́, *eyes,* sounds highflown in this context. The usual expr. would be ви́дит свои́ми глаза́ми.

10 в си́лу...обстоя́тельств: *by force of circumstances.*

11 влачи́т жа́лкое существова́ние: *drags out a miserable existence.*

12 в...уе́здном городи́шке: *in a provincial town.* Уе́зд was an administrative unit in pre-Revolutionary Russia, replaced nowadays by райо́н. Городи́шко, a derogatory dim. of го́род.

13 где же взять тако́му а́втору...собы́тий...иде́й...геро́ев? *where can such an author get...any events...ideas...heroes?* This is an impers. constr., the logical subj. of which is in dat. The obj. in this sentence is expressed by gen. instead of acc. in order to convey a partitive meaning.

14 прика́жете ему́ врать? *would you have him tell lies?*

15 на...ба́бьих глу́постях: *on old wives' tales.*

16 мо́жет: coll. for мо́жет быть.

17 не́ту: coll. for нет.

18 ско́лько-нибудь замеча́тельного: *moderately remarkable.*

19 мéлочь, мелюзгá, мелкотá: *small fry*. Synonyms, repeated for emphasis.

20 о котóрых...говорúть не прихóдится: *which one mustn't speak about*, often *which isn't worth mentioning*.

21 нéжели он пýстится во все тя́жкие (coll.): *than to go on a spree*.

22 заливáть пýлю: *to tell tall stories*. The author combines two separate idioms with the same meaning: отливáть пýлю and заливáть.

23 за котóрыми всё бýдущее: *to whom belongs the whole future*.

24 перехвáтишь чéрез край: *you will overshoot the mark*. Перехватúть, *to do something to excess*. Note use of 2nd pers. sing. without pers. pron. for English *one does something, you do something*.

25 встáнет втупúк: usually стáнет втупúк (в тупúк), *will become perplexed*; lit. *will get into a blind alley*.

26 в сúлу вышеукáзанных причúн: *by virtue of the aforementioned causes*. Officialese for по э́тим причúнам.

27 скрепя́ сéрдце: idiom expressing the same idea as неохóтно, *reluctantly*. Скрепя́ is a p. adv. part. of скрепúть.

28 взя́ться за перó: *to take up his pen*. Брáться, взя́ться за+acc. expresses the notion of beginning or undertaking something, e.g. взя́ться за рабóту, за дéло.

29 В э́той плóскости: *On such a plane*. A more usual expression would be в э́том отношéнии, *in this respect*.

30 тем пáче: *what's more*. Coll. for тем бóлее.

31 беспартúйный: *not a (Communist) party member*.

32 Еремéич: this is a patronymic—son of Еремéй. Although adults are usually addressed by first name and patronymic, it is quite common, especially in country districts, to call elderly people one knows well by patronymic alone.

2

1 сходúла на нет: сходúть на нет, common idiom meaning *to come to naught*, or *to lose all importance, power*.

2 нарóдник: *populist*—adherent of social and political movement which idealized the óбщина (peasant commune) as the seed of a future agrarian socialist society which would enable Russia to avoid the evils of Western capitalist development.

3 Бодуэ́н-де-Куртенэ́: Ivan Aleksandrovich Baudouin de Courtenay, (1845–1929). Polish philologist who was also interested in the problem of ethnic minorities.

4 емý бы́ло за двáдцать лет: *he was over twenty*.

5 дéскать: parenthetic word used to indicate reported speech.

6 дать вздрю́чку (pop.): *to scold severely, tell off*, more commonly задáть.

7 погна́л бы...в три ше́и: прогна́ть, погна́ть, or вы́гнать в ше́ю or в три ше́и (pop.), *to kick out.*

8 зави́л бы го́ре верёвочкой (pop.): *would have packed up his troubles* (lit. *would have wound up his grief with a string*).

9 начита́вшись...книг: *having read a lot of books.* Начита́ться + gen., *to read a quantity of.* Verbs with prefix на- and reflexive particle mean *to do a lot of* or *to perform an action to one's heart's content*, cf. наговори́ться, *to talk one's fill.*

10 Ра́зные тётушки...понае́хали: *Various aunties came flocking in one after the other.* The addition of the prefix по- to the perf. verb нае́хать, *to arrive in considerable numbers*, conveys a further idea of *one after the other, at intervals.*

11 не перепадёт ли и им кусо́чка: *would a little bit not fall to their lot too.*

12 прикла́дывались к его́ ру́чке: *kissed his hand.*

13 заяви́л...что он счита́ет себя́ не в пра́ве: *announced that he considered he didn't have the right to.*

14 находя́сь в здра́вом уме́ и твёрдой па́мяти: *being of sound mind and in full possession of his faculties.* Legal expr. used in wills.

15 сквозь па́льцы смотре́л на: *paid little attention to.* Смотре́ть сквозь па́льцы на, idiomatic expr. usually meaning *to shut one's eyes to, wink at.*

16 за четы́ре с небольши́м го́да: *in the course of just over four years.*

17 ссы́лке на поселе́ние: *deportation.*

18 наде́лала хлопо́т...: *gave...a lot of trouble.* Наде́лать + gen., *to make, cause much of something.*

3

1 сочиня́ть небыли́цы: *to invent fables, spin yarns.*

2 до заграни́цы, по заграни́цам: use of заграни́ца, *foreign parts*, as noun is coll. Pl. form is pop.

3 поистра́тился...вконе́ц: *spent all his money.* Coll. for истра́тился...оконча́тельно.

4 на тре́тий...год: note use of prepos. на to designate one particular year out of a series.

5 Э́то вам не Евро́па: *It's a different matter from Europe.*

6 шло на глаза́х, also происходи́ло...: *happened before the eyes.*

7 мя́гкого ваго́на: carriages in Russian trains fall into two categories: жёсткие ваго́ны (*hard*), and мя́гкие ваго́ны (*soft*).

8 хоть на край све́та: *if need be to the ends of the earth.*

9 геро́й труда́: *Hero of Labour.* A title conferred in the U.S.S.R. for socially useful work of long duration.

10 захва́танную: захвата́ть, coll.| expr. for загрязни́ть, запятна́ть, *to soil, stain.*

11 попусто́му, also по́пусту: *to no purpose.*

12 переноси́вший: p. act. part. of носи́ть, переноси́ть. The addition of the prefix пере- forms here a perf. verb meaning *to do a lot of carrying.*

13 имена́ и да́же назва́ния: note that и́мя is used in Russian only for a person's name while назва́ние stands for the name of an object.

14 кро́ме как: coll. for кро́ме, не счита́я, за исключе́нием.

15 повернул́ся бы́ло: *was on the point of turning.* The addition of бы́ло to a p. perf. verb indicates that the action was contemplated but not carried out, or begun but not completed.

16 с се́рдцем: *in anger,* idiomatic expr. for серди́то, раздражённо. A similar, but slightly stronger, meaning is conveyed by в сердца́х.

4

1 чем уго́дно: coll. for всем, чем уго́дно.

2 се́нцы: *hallway.* Dim. of се́ни, space between porch (крыльцо́) and living quarters.

3 а́втору...не раз приходи́лось: *the author has frequently had occasion to.* Idiomatic impers. constr. with logical subj. in dat. In its perf. form this verb always expresses necessity, obligation. Ему́ пришло́сь уе́хать, *He had to leave.* In the imp. form the idea of necessity may be absent.

4 при всём своём: *for all his.*

5 далеко́ не уе́дешь: *you won't get far.*

6 за неиме́нием гербово́й пи́шут и на просто́й: *if there isn't any stamped (paper) one can always write on ordinary (paper).*

7 враз: also зара́з, ра́зом, coll. for сра́зу, *at once, together.*

8 у ней: coll. for у неё.

9 приса́живалась: *sat down for a short while.*

10 так себе́: *to no purpose, for no reason.*

5

1 шла свои́м чередо́м: *took its normal course.*

2 пообсо́хла: perf. of обсыха́ть, *to get dry on the surface.* The addition of the prefix по- to the perf. обсо́хнуть gives the idea of *a bit, a little.*

3 материа́льные дела́ не́сколько и стеснённые: use of дела́ reveals the narrator's educational shortcomings. Normally обстоя́тельства would be used.

4 хотя́ и: *even if he is...*

5 на по́иски: note use of prepos. на to indicate the aim of the action.

6 его́ refers to латы́нь (fem.) and should therefore be её. The poorly educated narrator is confusing латы́нь and лати́нский язы́к.

7 не вывози́ла: вывози́ть coll. for выруча́ть, *to rescue, save.*

8 для слу́ха изобрази́ть: this again typifies the narrator's style. Instead of using a simple verb such as сказа́ть or прочита́ть the narrator selects изобрази́ть, *to portray, depict*, which cannot logically be used with слух.

9 проси́л...пи́сьменной рабо́ты...подшива́ния дел: both acc. and gen. are used after проси́ть. Gen. is used here to indicate that he asked for *any* written work. Подшива́ние or подши́вка дел, *filing of papers, documents.*

10 понапра́сну: coll. for напра́сно, *to no purpose.*

11 понаве́даться: *to call upon.* Coll. for наве́даться or зайти́.

12 что ду́ра: note coll. use of что for как.

13 топоча́: *stamping.* Pop. for топча́, pr. adv. part. from топота́ть (coll.).

14 э́того не выхо́дит: nom. would be more correct here, э́то не выхо́дит.

15 ино́й раз: *at other times.*

6

1 упа́л ду́хом: *lost heart.* Also пал ду́хом.

2 выду́мывал и вы́искивал: use of imp. indicates not only that the actions described were repeated, but also that they were inconclusive. Вы́думал, вы́искал would convey that he was successful in devising and seeking out.

3 провести́ электри́ческий звоно́к: *to instal an electric bell.*

4 подо́льше: *for as long as possible.* До́льше is comp. degree of до́лго. Frequently the addition to a comp. adv. of the prefix по- gives a relative degree of comparison, *somewhat more...* E.g. полу́чше, *rather better.* Here the meaning is identical to that more often expressed by как мо́жно до́льше.

5 по заведённой привы́чке: *in accordance with the habit he had acquired.* Заводи́ть, завести́ привы́чку, *to get into a habit.*

6 тре́буя неме́дленно рабо́ту и неме́дленную по́мощь: after тре́бовать obj. may be in either acc. or gen. The tendency is for acc. to be used when obj. is definite and particularized, gen. when it is not. Тре́буя неме́дленно рабо́ту stands for тре́буя, что́бы ему́ неме́дленно да́ли рабо́ту.

7 из у́лицы в у́лицу: use of the prepos. из and в with у́лица is unusual. Normally с у́лицы на у́лицу.

8 идёт навстре́чу их жела́ниям: (would) fall in with their wishes.

9 на свет: against the light.

10 Его́р Константи́новичем: note coll. use of nom. for instr. in the first name.

11 ему́...по душе́ э́та рабо́та: the work (was) to his liking.

12 захлёбываясь говори́л: spoke breathlessly, stumbling over his words. Захлёбываться, захлебну́ться, to choke, swallow the wrong way.

13 хло́пая уша́ми: without understanding (lit. flapping her ears).

7

1 чуть свет: very early, at break of day.

2 свое́й жены́: gen. is used here to express obj. of negated verb. Acc. is, however, more usual with fem. nouns referring to persons.

3 бежа́л: note that determinate (concrete) verbs of motion are sometimes used to describe habitual action when it is clear from the context that motion is in one direction only.

4 по ча́су и бо́льше: note use of по to indicate that he spent an hour or so there every time.

5 дожида́ясь, когда́...придёт заве́дывающий и откро́ет ла́вку: waiting for the manager to come and open the shop.

6 хотя́ бы и прика́зчиком: even a mere assistant. И is emphatic.

7 поднима́л...на́ смех: made fun of.

8 не о́чень-то: not too much.

9 переборщи́ть че́рез край: the narrator combines two expressions both meaning to exaggerate, do to excess, переборщи́ть and перехвати́ть че́рез край (see note 24 of ch. 1).

10 тем са́мым: through this, owing to this.

11 не сто́ит...вы́еденного кури́ного яйца́: is not worth a straw. Кури́ного is a personal addition by the narrator to a common idiom, вы́еденного яйца́ не сто́ит.

12 глубо́ких таре́лок: soup plates.

13 де́ло наживно́е: something that (could) be acquired.

14 сня́ли с него́ допро́с: interrogated him. Also подве́ргли допро́су or допроси́ли.

15 не дойдя́ у́лицы: note coll. omission of prepos. до.

16 ни сло́ва не пророни́л: did not breathe a word.

17 не ну́жно ли ей чего́: чего́ is coll. for чего́-нибудь.

18 вы́кушать...ча́ю: pop. for вы́пить ча́ю.

19 что она́ сыта́ по го́рло: that she had had her fill.

8

1 ро́вное и споко́йное: with стать the adjectival complement may be in either nom. or instr., although noun complements usually go in instr.

2 ме́лко крестя́ свой рот: superstitious habit of making small signs of the cross in front of the mouth while yawning.

3 идёт за нуждо́й (pop.): (was) going to the lavatory.

4 чего́ на́до? pop. for что на́до?

5 всё обойдётся благополу́чно: everything (would) be all right.

6 обу́за сошла́ с: a burden had been removed from. More usually обу́за упа́ла с.

7 вопро́с был немалова́жный: was no easy matter.

8 напры́гавшись: having jumped around to her heart's content (see note 9 of ch. 2).

9 она́...за двои́х съеда́ла: she ate enough for two.

10 не смыка́я глаз: not getting a wink of sleep (not closing his eyes).

11 трёпаные: dishevelled, tousled. Coll. for растрёпанные.

12 не исчеза́ла: would not disappear. Note use of imp. to indicate protracted failure of an action to take place.

13 уткну́вшись ничко́м: with his face buried.

9

1 ока́зывалось поря́дочно: there turned out to be a decent quantity. поря́дочно is coll. for дово́льно мно́го.

2 Чо́рт с ни́ми!: To hell with them!

3 Ива́ну Ива́новичу...было не до веще́й: Ivan Ivanovich wasn't concerned with these things. Common neg. constr. with dat. Мне не до тебя́, I can't be bothered with you, have no time for you.

4 цепля́я...за коря́ги: tripping over tree-roots. Цепля́я stands for цепля́ясь.

5 Ему́...рисова́лись карти́ны: He pictured to himself.

6 вся́кий ве́чер: coll. for ка́ждый ве́чер.

10

1 чего́: coll. for чего́-нибудь.

2 попа́сть по зуба́м: to hit (it) in the teeth. In this meaning попа́сть is usually used with в + acc. But cf. уда́рить по спине́.

3 рази́нула рот: gaped. Coll. for широко́ раскры́ла рот.

4 пёс с ней: *to hell with it.* Пёс coll. for собáка.

5 зашёл ли у Ивáна Ивáновича ум за рáзум: *did Ivan Ivanovich go out of his mind.*

6 нея́сность...к stands for нея́сность по отношéнию к.

7 вконéц: coll. for совсéм.

8 англи́йский писáтель Джек Лóндон: Jack London (1876–1916), writer much admired in Russia, in fact American.

9 был...трóнувшись: *was touched.* Трóнуться coll. for помешáться, *to go crazy.* A more correct coll. form would be он трóнулся.

10 Еремéй: the narrator now calls the station guard by a first name. Previously the patronymic has been used (see note 32 of ch. 1).

11 Покá товáрищ Си́тников напи́шет, да покá москóвский психиáтр раскачáется с отвéтом: *By the time comrade Sitnikov has written, and by the time the Moscow psychiatrist has got down to replying.*

12 вы́пивший (coll.): *drunk, under the influence.*

13 дáром что (coll.): *even though (he is).*

14 такýю галиматьЮ понесёт (coll.): *he will write such nonsense.* Also нести́ вздор (coll.), *to talk* or *write nonsense.*

15 поди́ докáзывай: *just try and prove.*

16 что ты не при чём тут: *that you are not responsible for it.* Быть не при чём, *not to be responsible for.*

11

1 опусти́в рýки плéтью: *his arms hanging limply* (lit. *like a lash*).

2 пар вали́л клýбом: *there was a cloud of steam.*

3 по ры́ночной стóимости: *at the market price.*

4 с минýту: *for about a minute.* Note this use of с+acc. to express approximation.

13

1 разреши́лась от брéмени: *was delivered of a child.* A pompous expr. for родилá (+acc.), *gave birth.*

2 в вóсемь с половúной фýнтов: coll. for вéсом в вóсемь... Note use of prepos. в+acc. to express exact amount.

SELECT VOCABULARY

Бабéнция (pop.), peasant woman, wife

бáбка (pop.), peasant woman; midwife

безвы́ездно, without leaving, without a break

бездорóжье, impassability of roads

берéменная, pregnant

беспéчно, light-heartedly, free of care

бесцéльно, aimlessly

бесцéнок (gen. -нка), trifle

блáго, good, welfare

благосклóнно, favourably

благотворѝтельность (fem.), charity

блиндáж, shelter

божѝться, по-, to swear

борóться, по-, to fight, struggle

борьбá, struggle

брезглѝвый, squeamish, fastidious

бродѝть, по-, to wander

брóситься, perf. of бросáться, to rush

бры́зги (pl.) (gen. брызг), spray, splashes

бычáчий, -ья, -ье, -ьи, bull's, bull-like

Валя́ться, по-, to roll, wallow

вдыхáть, вдохнýть, to breathe in, inhale

великодýшие, magnanimity

весы́ (pl.) (gen. -óв), scales

вéшать (coll.), to weigh out

взвалѝть, perf. of взвáливать, to load, hoist

вздóрный, foolish

вмéшиваться, вмешáться (в + acc.), to interfere in, meddle with

возмужáть (perf.), to grow up, become mature

волочѝть (imp.), to drag

ворóчать (coll.), to move, turn

воспретѝть, perf. of воспрещáть, to forbid

восторгáться (imp., + instr.), to delight in, enthuse over

впáлый, hollow, sunken

впечатлѝтельный, sensitive, impressionable

вползáть, вползтѝ, to crawl into

вскѝдывать, вскѝнуть, to throw up

вспотéть, perf. of потéть, to sweat

вспугнýть, perf. of вспýгивать, to scare, frighten away

выговáривать (imp., + dat.), to rebuke, reprimand

вы́есть, perf. of выедáть, to eat, eat the inside of

вы́прямиться, perf. of выпрямля́ться, to draw oneself up

Гармóника, accordion

гѝбель (fem.), destruction, downfall

гѝбнуть, по-, to perish

глѝна, clay

гнýсный, wicked, malicious, vile

гнушáться (imp., + instr.), to scorn

грозѝть, при-, to threaten

громѝть (imp., coll.), to inveigh against

грош (arch.), half a copeck; farthing

груднóй, chest, from the chest

гры́зться, по-, to bite, gnaw one another

гудéть, по-, to hum, buzz

Да́ром, for nothing, gratis
добро́, property
до́лжность (fem.), post, position
допо́длинно, for certain
дорва́ться (perf., до + gen.), to
    fall on, fasten upon, make
    free with
доса́да, displeasure, vexation,
    chagrin
досто́инство, dignity, value
дразни́ть, по-, to tease, provoke
дрожь (fem.), trembling, shivering
дрянь (fem.), rubbish, dirt,
    sweepings

Жа́лость (fem.), pity
жева́ть, по-, to chew
жесто́кость (fem.), cruelty
жидкова́тый, watery
жиро́к (gen. -рка́), fat
жу́лик, cheat, swindler
журча́ть (imp.), to murmur,
    babble

Заблужде́ние, error
    ввести́, perf. of вводи́ть, в заблу-
        жде́ние, to lead astray, delude
завали́ваться, завали́ться
    (coll.), to lie down, settle
    down
заве́дывающий (заве́дующий)
    (+ instr.), manager
завози́ться, perf. of вози́ться,
    to stir, move about
завра́ться, perf. of завира́ться,
    to lie, blunder
зага́дить, perf. of зага́живать,
    to soil, dirty
задави́ть, perf. of дави́ть, to
    crush
задолжа́ть (perf.), to be in debt
заёрзать, perf. of ёрзать, to
    fidget
зажи́лить, perf. of зажи́ливать
    (coll.), to pinch, appropriate

закрути́ть, perf. of крути́ть,
    to twist, twirl; to turn; to
    lead a giddy life
зама́нчивый, tempting, capti-
    vating
замере́ть, perf. of замира́ть, to
    become still, silent
заме́шкаться (perf., coll.), to
    tarry, be late
замо́чный
    замо́чная сква́жина, keyhole
замыка́ться, замкну́ться, to shut
    oneself up
заора́ть, perf. of ора́ть (coll.),
    to yell, bawl
запа́риться, perf. of запа́ри-
    ваться, to be exhausted (by
    physical effort)
запу́танный, confused, involved
заразвра́тничать, perf. of раз-
    вра́тничать, to lead a
    dissolute life
заслу́га, service, merit
засу́ченный, rolled up
зате́я, prank; contrivance
зато́пать, perf. of то́пать,
    to stamp
захвати́ть, perf. of захва́тывать,
    to take, seize
захлёбываться, захлебну́ться,
    to choke, speak breathlessly
зверь (masc.), beast
земля́нка, dug-out
злополу́чный, disastrous, ill-
    fated
зря, for nothing, to no purpose

Избало́ванный, spoilt
избега́ть, избежа́ть (+ gen.), to
    avoid, shun
извле́чь, perf. of извлека́ть, to
    extract
изловчи́ться, perf. of излов-
    ча́ться (coll.), to act
    cunningly

изры́ть, perf. of изрыва́ть, to dig
up, dig all over

изы́сканный, refined

изя́щный, elegant, fine
изя́щная литерату́ра, belles-
lettres

и́льковый, polecat (fur)

имени́нник, one whose name-day
it is; someone happy and
contented

истрепа́ть, perf. of трепа́ть, to
wear out

исходи́ть (perf., trans.), to walk
all over

Кана́ва, ditch, gutter

кипято́к (gen. -тка́), boiling
water

клеёнка, oil-cloth

клочо́к (gen. -чка́), dim. of клок,
scrap, shred

кол (pl. ко́лья), stake

коле́нка (coll.), knee

колоти́ть, за-, to beat, drum

колю́чий, -ая, -ее, -ие, prickly
колю́чая про́волока, barbed
wire

конфу́зиться, с-, to be embarrassed, ashamed

ко́нюх, groom

коню́шня, stable

коро́биться, по-, to be askew,
uneven

кро́шка, crumb

круговоро́т, rotation
круговоро́т собы́тий, the mael-
strom, quick succession of
events

кру́то, sharply, abruptly

круше́ние, collapse

Лавр, laurel

лавчо́нка, dim. of ла́вка, bench

ладо́ши (pl.), dim. of ладо́нь
(fem.), palms

бить, хло́пать в ладо́ши, to
clap one's hands

лепета́ть, про-, за-, to babble

ло́маный, broken, disjointed

ло́мтик, dim. of ло́моть, slice

ло́но, bosom, lap

лохмо́тья (pl.)(gen. -ьев), rags,
tatters

лущи́ть, to nibble

Мелька́ние, flashing, darting

ме́тко, neatly, accurately

мизе́рный, paltry, meagre

миндальничать (imp., coll.), to be
sentimental, sentimentalize

минова́ть (imp. & perf.), to pass

молодцева́тый, dashing

мо́рда, muzzle

мота́ться (imp., coll.), to scurry,
bustle; to hang about

му́сор, rubbish, refuse

Набалда́шник, cane-head, knob

на́божный, devout, pious

наговаривать, наговори́ть, to say
a lot of

нагу́ливать, нагуля́ть, to fatten,
put on weight (of cattle)

надзо́р, surveillance

нажи́м, pressure

нажима́ть, нажа́ть, to press,
push

намека́ть, намекну́ть (на + acc.),
to allude to, hint at

напира́ть (imp., на + acc.), to
emphasize, stress

нару́шить, perf. of наруша́ть,
to destroy, distort, break

на́скоро, hurriedly

на́стежь, wide (open)

насто́йчиво, insistently, urgently

наха́льство, impertinence

небо́сь (coll.), surely, most likely

небре́жный, casual, nonchalant

небыли́ца, fable

неве́домый, unknown, mysterious
негла́сный, secret, private
недоуме́ние, perplexity, bewilderment
неиме́ние, lack, absence
неиму́щий, -ая, -ее, -ие, indigent, needy
неле́пость (fem.), absurdity
нема́ркий, -ая, -ое, -ие, not easily soiled, not showing dirt
немину́емый, inevitable
непоколеби́мый, firm, steadfast
непрове́ренный, unverified
несправедли́вость (fem.), injustice
нечисто́ты (pl.) (gen. -о́т), dirt, sewage
ни́зменный, low, base
ничко́м, prone, face downwards
нора́, burrow, lair
носи́ться (с + instr.), to busy oneself with
нра́вственность (fem.), morality, morals
нужда́ться (imp., в + prep.), to need
ны́нче (coll.), today, these days

Обескура́женный, disheartened, discouraged
обеспе́ченный, well provided for
обеспоко́енный, anxious, worried
обку́санный, bitten, bitten all over
ободо́к (gen. -дка́), rim
обстано́вка, setting, furnishings
обтира́ть, обтере́ть (also отира́ть, отере́ть), to wipe, wipe dry
обу́за, burden
обходи́ться, обойти́сь (без + gen.), to dispense with, do without
обще́ственный, social
о́быск, search
озира́ться (imp.), to look round

озно́б, chill, shivering
окли́кнуть, perf. of оклика́ть, to call to, hail; to challenge
око́пчик, dim. of око́п, trench, entrenchment
окра́ска, coloration
оле́ний, -ья, -ье, -ьи, deer, deer's
о́прометью, in haste, headlong
опусте́вший, -ая, -ее, -ие, deserted
опу́шка, edge (of wood, forest)
оскорби́ться (perf.), to take offence
ослепи́тельный, blinding, dazzling
осо́ба, person
остужа́ть, остуди́ть, to cool, make cold
осу́нуться (perf.), to become thin, hollow-cheeked
осуществи́ться, perf. of осуществля́ться, to be realized, be put into effect
отверга́ть, отве́ргнуть, to reject
отвести́, perf. of отводи́ть, to assign, allot
отвлечённый, abstract
отгова́риваться, отговори́ться (+ instr.), to plead, pretend
отдёргивать, отдёрнуть, to draw back
отма́лчиваться (imp.), to keep silent
отню́дь, by no means, not at all
о́тпрыск, offspring
отре́бье, rabble, dregs
оттяну́ть, perf. of оття́гивать, to delay, postpone; (coll.) to change
отча́яние, despair
отчётливо, distinctly, clearly
охвати́ть, perf. of охва́тывать, to grip, seize
охра́нник, guard, watchman
ошале́лый, crazy, daft

ошеломлённый, stunned, staggered

ошпа́рить, perf. of ошпа́ривать, to scald

ощуща́ться, ощути́ться, to be felt, be evident

Палиса́дничек (gen. -чка), dim. of палиса́дник, front garden

парно́й‧ парно́е молоко́, milk fresh from the cow

па́смурный, dull, cloudy

пасть (fem.), mouth (of animal)

па́чечка, dim. of па́чка, bundle, packet

перебира́ть, перебра́ть, to go over, examine, recall

перебо́рка (coll.), partition

перегоро́дка, partition

пережива́ние, experience

пересека́ть, пересе́чь, to cross

пересчи́тывать, пересчита́ть, to count over again, recount

пёс (gen. пса) (coll.), dog

пихну́ть, perf. of пиха́ть, to push, poke

плеска́ться, по-, to splash

побуре́ть, perf. of буре́ть, to become brown

пове́сить, perf. of ве́шать, to hang, hang up

поглоща́ть, поглоти́ть, to absorb, devour

подмина́ть, подмя́ть, to get on top of, crush, trample

подогрева́ть, подогре́ть, to warm up

подозре́ние, suspicion

подсо́вывать, подсу́нуть (+ dat., coll.), to palm off on, foist upon

пож́ертвовать, perf. of же́ртвовать, to sacrifice, donate

поклева́ть, perf. of клева́ть, to peck, peck at

ползко́м, crawling, on all fours

полива́ть, поли́ть, to pour on, pour water on

полови́ца, floorboard

положи́тельно, positively, absolutely

полузава́ленный, half-collapsed, dilapidated

помани́ть, perf. of мани́ть, to beckon

понести́, perf. of нести́ (intrans.), to bolt (of horse)

поро́г, threshold

посре́дственный, mediocre, average

посту́кивание, tapping

пото́мство, posterity, offspring

потреби́тельский, -ая, -ое, -ие, consumer, consumers'

потре́бность (fem.), need

потрёпанный, threadbare, shabby

потрясе́ние, shock, upheaval

поучи́тельный, instructive

пошáтываться (imp.), to sway, reel

пощи́пывать, пощипа́ть, to nibble

предвари́тельно, in advance

предоста́вить, perf. of предоставля́ть, to give, grant, leave

предпоче́сть, perf. of предпочита́ть, to prefer

предрешённый, predetermined, decided

представи́тельный, impressive, imposing

предупреди́тельно, courteously, obligingly

преду́тренний, -яя, -ее, -ие, pre-dawn, early morning

преры́вистый, intermittent

преткнове́ние ка́мень преткнове́ния, stumbling-block

припа́сть, perf. of припада́ть
(к + dat.), to fall down at,
get down at
приплести́, perf. of приплета́ть,
to attach, weave in
припля́сывать (imp.), to hop,
dance around
приспособля́ться, приспосо́-
биться, to adapt oneself
причисля́ть, причи́слить
(к + dat.), to number
among, rank with
прода́жный, for sale
продле́ние, prolongation
проду́мать, perf. of проду́мывать,
to think out, think over
проклина́ть, прокля́сть, to curse
промо́кнуть, perf. of промока́ть,
to get soaked, be soaking
промолча́ть, perf. of промя́л-
чивать, to remain silent for
a while
просвещённый, enlightened,
educated
прощелы́га (pop.), swindler,
rogue, wide boy
пустяко́вый, trivial, insignifi-
cant
пушо́к (gen. -шка́), down

Раду́шно, cordially
разбаза́рить, perf. of разбаза́-
ривать (coll.), to squander
разводи́ть, развести́ (рука́ми),
to lift one's hands (to
express perplexity or dismay)
разда́ть, perf. of раздава́ть, to
distribute, give out
раздрако́нить (perf., coll.), to
embellish, trick out
рази́нуть, perf. of развева́ть (coll.),
to open wide
разменя́ть, perf. of разме́нивать,
to change, exchange
разме́ренный, measured, leisurely

размозжи́ть (perf.), to shatter,
bash in (skull)
разноречи́вый, contradictory
разрыва́ть, разорва́ть, to tear
to pieces
разъярённый, enraged
раскача́ться, perf. of рас-
ка́чиваться (coll.), to bestir
oneself
раски́дывать, раскида́ть, to
scatter, throw about
распла́чиваться, расплати́ться
(с + instr.), to pay off,
reckon with
распрода́ть, perf. of распро-
дава́ть, to sell off, sell out
растра́чивать, растра́тить, to
spend, squander
расцве́т, flowering, blossoming
расчётливый, prudent, thrifty
резви́ться (imp.), to romp
ржа́вый, rusty
рог, horn, antler
ро́зыск, search, investigation
ро́щица, dim. of ро́ща, grove
рукомо́йник, wash-hand basin
рукоплеска́ть (imp., + dat.), to
applaud
рыть, вы́-, to dig, burrow, paw;
to rummage, delve

Свине́ц (gen. -нца́), lead
свихну́ться (perf., coll.), to go
off one's head, go crazy
свободомы́слие, free-thinking
сво́лочь (fem., pop.), scoundrel,
riff-raff
се́мечки (pl.) (gen. -чек), sunflower
seeds
се́ни (pl.) (gen. -е́й), entrance-
hall, passage
сжать, perf. of сжима́ть, to
squeeze, press together
симпати́ческий, -ая, -ое, -ие,
sympathetic

скалить, о- зубы, to show one's teeth

скитание, wandering

склевать, perf. of клевать, to peck up

сковать, perf. of сковывать, to fetter, hold down, constrain

скорбно, sorrowfully, dolefully

скорчиться, perf. of корчиться, to writhe, cower

скрипеть, за-, to creak, squeak
скрипеть зубами, to grit, gnash one's teeth

скрипучий, -ая, -ее, -ие, creaking, squeaking

скудно, meagrely, sparingly

скулить, по-, to whine, whimper

слезать, слезть (coll.), to come off, peel off

слог, style

слушок (dim. of слух), rumour

слюни (pl., coll.) (gen. -ей), saliva

сморщенный, wrinkled

смугловатый, somewhat dark-skinned

снедь (fem., coll.), food, eatables

сновать (imp.), to scurry about

согнувшийся, -аяся, -ееся, -иеся, bowed, stooping

содержимое, contents

соответствующий, -ая, -ее, -ие, corresponding, suitable

сочувствовать (+dat.), to sympathize with

списаться, perf. of списываться (с+instr.), to exchange letters with

сплёвывать, сплюнуть, to spit

сплетня, scandal, piece of gossip

ссылаться, сослаться (на+acc.), to refer to

стаж, professional experience

стеариновый, stearin, tallow

стебель (masc., gen. -бля), stalk, stem

степенно, sedately, gravely

стеснённый, straitened, embarrassed

стеснительный, straitened, embarrassed

стойко, staunchly, stoically

стремительно, hastily, rapidly

судорожно, convulsively

судьба, fate

сумерки (pl.) (gen. -рек), twilight

сунуть, perf. of совать (coll.), to push, shove

существенный, substantial, of consequence, material

существование, existence

сущность (fem.), essence

схватиться, perf. of схватываться (за+acc.), to grasp, seize

схватка, combat, close fight

съёживаться, съёжиться, to shrink, squirm, cower

Таскаться (imp.), to drag oneself, trail about

тащить, по-, to drag, carry

тёлка, heifer

теребить, за-, по-, to pull, tug

топор, axe

тоска, melancholy, dejection, weariness

трепать, по-, to ruffle

трепет, trembling, trepidation

тронуться (perf., coll.), to be touched, crazy

трусики (pl.) (gen. -ов), pants, shorts

тряпка, rag

трясти, по-, to shake

туповатый, somewhat slow-witted, obtuse

тупой, dull

тщеславный, vain

Увенча́ться, perf. of увéнчи-
     ваться, to be crowned
угнетённый, oppressed, depressed
уголо́вный, criminal
узо́р, pattern, design
укори́зненно, reproachfully
улови́мый, perceptible
униже́ние, humiliation
упра́шивать, упроси́ть, to beg,
     entreat
усло́вливаться, усло́виться, to
     agree, arrange
у́тварь (fem., sing.), utensils
утеша́ть, утéшить, to console
уча́стливо, sympathetically

Ха́ять, по- (coll.), to find fault
     with
хлам, trash, rubbish
хлебопека́рня, bakery
хло́пать, по-, хло́пнуть, to slap,
     tap; to flop
хлю́пать (imp.), to squelch
хму́риться, на-, to frown
хрипе́ть, за-, to wheeze, be
     hoarse
худоща́вый, lean, thin

Цара́пать, по-, to scratch, claw
церемо́ниться (imp.), to stand
     on ceremony; to be
     scrupulous
цыга́нский, -ая, -ое, -ие, gipsy
цы́почки (pl.)
     на цы́почках, on tiptoe

Челове́чек, little man, manikin
чересчу́р, too, excessively
честь (fem.), honour
четверéньки (pl.)
     на четверéньках, on all
     fours
чмо́кать, по- (coll.), to smack
     one's lips
чудакова́тый, somewhat eccentric
чуда́чество, eccentricity

Шара́хнуться, perf. of шара́-
     хаться, to rush away,
     scuttle
ша́рить, по-, to fumble, rum-
     mage
ша́рканье, shuffling
швыря́ть (imp., coll., +instr.),
     to throw, throw around
     швыря́ть деньга́ми (also
     швыря́ться деньга́ми), to
     squander money
шипе́ть, за-, to hiss
шку́ра, skin (of animal)
шлёпать, по-, to walk or run
     noisily, to clatter around
шмыгну́ть, perf. of шмы́гать, to
     slip in
шо́пот, whisper, whispering
шпо́ра, spur

Щепети́льный, fastidious, fussy

Язви́тельно, sarcastically,
     spitefully
я́ростный, fierce

www.ingramcontent.com/pod-product-compliance
Ingram Content Group UK Ltd.
Pitfield, Milton Keynes, MK11 3LW, UK
UKHW042148280225
455719UK00001B/181

9 780521 158510